JANVRY,
l'aîné, Capitaine des
Vaisseaux du Roi.

J. Bech. 1679 6 Aug.

S. 66

4 Vol. in 12

Double r^{el}. à consuls.

12889

QUERELLES
LITTÉRAIRES,

O U

MÉMOIRES

Pour servir à l'Histoire des Révolutions de la République des Lettres, depuis Homere *jusqu'à nos jours.*

TOME PREMIER.

(Par l'abbé Trailh)
Barb. 1830.

QUERELLES LITTÉRAIRES,

OU

MÉMOIRES

Pour servir à l'Histoire des Révolutions de la Republique des Lettres, depuis HOMERE *jusqu'à nos jours.*

Tantæne animis cœlestibus iræ ?
VIRG. ÆNEID. Lib. I.

Tant de fiel entre-t-il dans des ames célestes ?

TOME PREMIER.

A PARIS,

Chez DURAND, Libraire, rue du Foin.

───────────────────

M. DCC. LXI.
Avec approbation & privilége du Roi.

AVANT-PROPOS.

CET ouvrage n'est point une satyre. Tout ce qui respire la haine, l'envie ou l'esprit de parti, ne mérite que de l'indignation. On ne se propose ici de venger ni ses injures personnelles, ni celles des autres, encore moins d'avilir les gens de lettres. On ne fait qu'exposer l'origine, les progrès & les suites de leurs querelles, les unes plus graves, les autres moins sérieuses. On voudroit qu'ils apprissent à se respecter eux-mêmes, à craindre les écarts & le sort de leurs semblables; à mieux user des dons qu'ils ont reçus de la nature; à ne se point rendre le jouet du public. Quelqu'un a dit, qu'autrefois les bêtes combattoient dans le cirque, pour amuser les hommes qui avoient le plus d'esprit, & qu'aujourd'hui les gens d'esprit combattent pour divertir les sots. Le plus sûr moyen de corriger le ridicule, c'est de le peindre & même de le charger.

Notre but principal est de contribuer à l'utilité du lecteur par le tableau des querelles littéraires. Elles peuvent être mises au nombre de ces maux qui produisent quelquefois un grand bien. Et qui doute qu'elles ne servent souvent à faire découvrir la vérité ; qu'il ne résulte de grandes lumières du choc des sentimens sur le même sujet ; que les efforts de chaque écrivain, pour défendre son opinion & pour combattre celle de son ad-

AVANT-PROPOS.

verfaire, les raifonnemens, les preuves, les autorités, l'art, employés de part & d'autre, ne répandent un plus grand jour fur les matières. Ajoutons que les objets ne s'arrangent & ne fe gravent jamais mieux dans l'efprit, que lorfqu'ils ont été vivement difcutés.

Ce n'eft pas qu'on ait toujours été de bonne foi dans les difputes, qu'on ait toujours voulu s'éclaircir, démêler le vrai, entendre & faire entendre la raifon. Par malheur, le contraire n'arrive que trop fouvent. Les paffions aveuglent. On perd de vue le fond de la queftion, pour fe jetter fur les perfonnalités. On s'infulte, on s'injurie ; on fe nuit réciproquement ; on devient la fable du public. On veut le triomphe ou l'apparence du triomphe, n'importe à quel prix. A voir les abus de l'imprimerie, qui ne mettroit volontiers en problême si son invention n'est pas plus nuisible qu'utile?

Ces raisons nous ont engagé à parler de toutes sortes de querelles, des personnelles comme des autres, en choisissant néanmoins celles qui nous ont paru les plus dignes d'attention, ou par le nom des auteurs, ou par leur objet.

Dans tous les âges, chez toutes les nations où les sciences & les arts ont fleuri, l'esprit de jalousie & de division les a toujours accompagnés. Il les suivit de la Grèce en Italie. Quelle honte pour l'humanité que cette

AVANT-PROPOS. ix

espèce de maladie règne principalement dans les siècles où brillent les grands talens, & que le nôtre, qu'on dit être celui de la philosophie, n'en soit pas même exempt. Il est bon que ceux qui débutent dans la littérature & dans les beaux-arts, en voyant les plus beaux génies, enviés, persécutés, malheureux, apprennent à connoître la carrière où ils entrent, & qu'ils n'oublient pas ces vers de Fontenelle :

> Dans la lice où tu vas courir,
> Songe un peu combien tu hasardes.
> Il faut, avec courage, également offrir,
> Et ton front aux lauriers, & ton nez aux nazardes.

Le père Ducerceau a fait l'apologie des sçavans impolis & grossiers. Il dit, pour les excuser, qu'ils ont toujours été les mêmes, & cite l'exemple de

x *AVANT-PROPOS.*

Cicéron, qui traite Pifon de *bête féroce*, d'*animal*, de *ſtupide*, d'*âne*, d'*extravagant*, de *voleur*, de *brigand*, de *pendart*, de *bourreau*, de *furie*, de *ſale bourbier* & de *charogne jettée à la voirie*. Il les juſtifie encore ſur leur familiarité avec les auteurs Latins, dont ils prennent inſenſiblement le ton, les manières & le ſtile injurieux; ſur l'indépendance attachée à la profeſſion d'homme de lettres; ſur le goût du public pour la ſatyre; plaiſantes raiſons pour diſpenſer un ſçavant de la première ſcience dont tout homme doit ſe piquer, celle de ſçavoir vivre.

On a tâché d'intéreſſer par un grand nombre d'anecdotes ſingulières, par un choix de vers ſouvent peu connus, imités ou

AVANT-PROPOS. xj

traduits librement. On se flatte d'avoir inséré, dans presque tous les articles, des traits ignorés d'une grande partie du public, sur-tout dans ceux qui regardent nos écrivains les plus distingués. D'ailleurs, la variété des matières que présente cet ouvrage, pourra piquer la curiosité du lecteur qui ne cherche que l'amusement.

Nous nous sommes abstenus, autant qu'il a été possible, d'entrer dans le détail des manœuvres, des tracasseries & des fureurs de tant de subalternes Zoïles, l'un sur l'autre acharnés, insectes rivaux,

Esprits bas & jaloux
Qui se rendent justice, en se méprisant tous.
M. GRESSET.

Il ne paroît guère ici sur la scène que des combattans dont le nom est connu. Quelque petit que soit l'objet de leurs querelles, c'est le moyen de lui donner une sorte d'importance. On s'est borné à celles que leur singularité a sauvées de cet oubli profond, auquel les écrits polémiques sont d'ordinaire condamnés.

M. l'abbé d'Artigni a inséré dans ses mémoires une *Chronique scandaleuse des sçavans*: mais, outre que cette chronique ne remplit que deux ou trois articles, qu'elle n'est qu'un amas de faits rebattus qui déshonorent, à pure perte, la mémoire de quelques gens de lettres, la plupart obscurs, l'idée de cet auteur n'a rien de commun avec la nôtre. Nous pouvons en dire autant des *Memoires secrets de la république des lettres.*

Ce prétendu *Théâtre de la vérité*, malgré son titre pompeux, n'est qu'une copie défigurée d'un original estimable à bien des égards, du *Dictionnaire critique* de Bayle. L'objet du marquis d'Argens, partout ailleurs assez superficiel, est d'afficher, dans cet ouvrage, l'érudition la plus profonde, & de prodiguer fastneusement les citations Grecques & Latines, le tout pour prouver, ce qui n'a pas besoin de preuves, que les grands hommes sont hommes comme les autres. Qui ne sçait, aussi bien que lui, qu'il est ridicule de tout admirer en eux, jusqu'à leurs défauts. Falloit-il six volumes pour commenter ces deux vers si connus d'Horace (*):

Non, je n'ai point appris à jurer par un maître,
. . . .
Souvent Homère dort: ... *Et son lecteur peut-être.*

Au milieu de toutes ces disputes, soutenues de part & d'autre avec tant de chaleur, à travers ce fatras d'injures & de libèles, parmi ces révolutions continuelles de la république des lettres, le lecteur pourra suivre le fil de nos connoissances, les progrès du goût, la marche de l'esprit humain. Ce projet, mieux exécuté, offriroit un excellent cours de littérature. Ce seroit alors le cas d'appliquer le mot

---

(*) *Nullius addictus jurare in verba magistri.*
. . . .
. . . *Quandoque bonus dormitat Homerus*

d'un auteur ancien. *Les haines des particuliers servent à l'aggrandissement de la république* (*).

Afin d'observer quelque méthode dans cet ouvrage, il est divisé en plusieurs articles: *Querelles particulières*, ou *Querelles d'auteur à auteur*; *Querelles générales*, ou *Querelles sur de grands sujets*; *Querelles de différens corps*. Dans la première & troisième division, on a suivi l'ordre des temps; &, dans la seconde, celui des matières. Il a fallu nécessairement abandonner ici l'ordre chronologique, pour éviter la répétition ennuyeuse des mêmes disputes; pour ne les pas voir prises & reprises, & souvent effleurées; pour avoir un

_____

(*) *Ex privatis odiis respublica crescit.*

but fixe, & ne pas faire un cahos de tant d'objets différens.

On peut comparer les *Querelles particulières* aux combats singuliers ; les *Querelles générales* aux guerres réglées de nation à nation ; les *Querelles de différens corps* à ces combats où l'on appelloit des seconds, & où l'on combattoit parti contre parti.

MÉMOIRES
POUR SERVIR A L'HISTOIRE
DES GENS-DE-LETTRES;
ET PRINCIPALEMENT
DE LEURS QUERELLES.

QUERELLES PARTICULIERES, ou QUERELLES D'AUTEUR A AUTEUR.

HOMERE,
ET LE GRAMMAIRIEN
THESTORIDES.

Ce prince des poëtes fut d'abord appellé Méléſigène, parce qu'il étoit né près du fleuve Mélès. Il porta depuis le nom d'Homère. Malgré ſon premier nom, on ne ſçait pas au juſte le temps ni le lieu de ſa naiſſance. On croit communément qu'il étoit Ionien, & qu'il vivoit environ huit cent cinquante ans avant l'ère chrétienne, c'est-à-dire, trois générations après la guerre de Troie. Suivant ce calcul, il pouvoit avoir appris, dans son enfance, les merveilles de ce siège, de la bouche même de plusieurs vieillards qui y avoient été, & s'être entretenu souvent avec des Grecs d'Europe & d'Asie, qui avoient connu Ulysse, Achille & Ménélas.

L'histoire, toute récente, de ce fameux siège, enflamma son génie poëtique. Il voulut passer avec elle à la postérité. L'Iliade est son apothéose, aussi bien que celle des héros qu'il chante. Mais ce même poëme, le sujet de sa gloire, fut également celui de ses malheurs. On le lui vola. Le grammairien Thestorides commit cette lâcheté.

Quoique la Grèce n'eût point encore produit d'aussi grand écrivain, elle ne laissoit pas d'abonder en auteurs médiocres, ou moins que médiocres. Ils étoient continuellement divisés entr'eux, ne respirant que la haine & la jalousie, s'avilissant par toutes sortes de noirceurs & de bassesses réciproques. L'appas d'un peu de gloire, ou de quelque gain sordide, les portoit à des atrocités. Ils faisoient surtout commerce de plagiat & du vol des écrits. Le pauvre Homère se trouva la victime de cette rapacité honteuse des gens de lettres de son temps. Le piège lui fut tendu dans la ville de Phocée, dans cette même ville dont les habitans bâtirent depuis celle de Marseille.

Homère s'étoit rendu à Phocée, après avoir parcouru la plus grande partie de la Grèce, récitant de ville en ville ses ouvrages, & trouvant, selon quelques-uns, par ce moyen, celui de subsister. On sçait que nos *troubadours* ou *trouvères* ont pratiqué la même chose; qu'ils couroient toute la France, suivis de leurs femmes & de leurs enfans, qui se mêloient aussi de rimer, & accompagnés de chantres & de joueurs d'instrumens; que des seigneurs & des princes, qu'ils sçavoient flatter & réjouir, les accueilloient, les admettoient à leurs tables, les faisoient revêtir de leurs habits: honneur alors si distingué. L'abbé Massieu compare ces pélerins à nos comédiens de campagne.

Le poëte Grec récita ses vers aux

Phocéens. Ils en furent enchantés. Mais Theftorides, le bel-efprit de la ville & le Créfus des auteurs, ne voulut pas s'en tenir à une admiration ftérile. Il offrit à Homère de le loger chez lui, de le nourrir, & de l'entretenir généralement de tout. Il ne mit qu'une condition à des procédés fi beaux en apparence : c'eft qu'Homère lui communiqueroit fes poëfies. Le poëte, réduit à la dernière indigence, fe croit trop heureux. Il accepte la propofition, & livre tous fes poëmes.

A peine fon hôte les eut en fa difpofition, qu'il s'en déclara l'auteur. Pour mieux en impofer, il quitta Phocée, & vint à Chio. Là, cherchant à fe faire eftimer, il parloit & décidoit de tout. Il récitoit avec emphafe les poëfies d'Homère. Il affectoit de mettre dans fa déclamation ces mouvemens & ce feu qui diftinguent fi bien l'auteur du fimple acteur. Mais Theftorides ne fit point de dupe. On reconnut Homère à fon talent de rendre la nature avec une noble fimplicité ; à fa poëfie vive, pleine de force, d'harmonie & d'images ; à fon érudition agréable, lorfqu'il décrit l'art de la guerre, les mœurs & les coutumes des peuples différens, les loix & la religion des Grecs, le caractère & le génie de leurs chefs, la situation des villes & des pays. On lui donna bientôt avis de l'infidélité.

Désespéré de cette perfidie, il vole à Chio, pour y confondre l'imposteur. Thestorides en avoit pris la fuite, sur la nouvelle qu'Homère venoit à lui. L'un & l'autre firent quelque temps l'entretien de la Grèce. Le poëte juroit de poursuivre en tous lieux le grammairien. A la fin, la pauvreté contraignit Homère de cesser sa vengeance & ses voyages, de se fixer à Chio, & d'y lever une école. On voit encore, à quatre milles de la ville, sur les bords de la mer, les sièges de ses disciples, & sa chaire, pratiqués dans un roc. Il se maria, continua de faire des vers, & composa l'Odyssée, afin de prouver que lui seul étoit capable d'avoir enfanté l'Iliade; preuve insuffisante, si nous en croyons quelques critiques.

Quelle différence, disent-ils, entre ces deux poëmes! Iis ne semblent pas être sortis de la même main. Homère, ajoutent-ils, sentit cette disproportion étonnante. Il ne se consola jamais du vol de son plus bel ouvrage ; & la douleur de ne pouvoir confondre la perfidie de Thestorides le conduisit au tombeau, plus que l'âge, les infirmités & l'extrême misère. Mais les philosophes & les gens âgés donnent d'ordinaire la préférence à l'Odyssée.

Quoi qu'il en soit, long-temps après sa mort, on lui éleva des statues & des temples. Sept villes puissantes se disputèrent l'honneur de l'avoir vu naître ; les mêmes sept villes qui, dit-on, l'avoient vu mendier de son vivant.

ARCHILOQUE,
ET
LYCAMBE.

Archiloque étoit de Paros. Il vivoit environ six cent soixante-quatre ans avant Jésus-Christ. On doit à ce poëte l'invention des vers iambes ; mais elle fait sa honte. C'est la rage uniquement qui l'inspira ; elle fut sa muse.*

Archiloque, en fureur, s'arma du vers iambe.

---

* *Archilocum proprio rabies armavit iambo.*

Jamais personne n'a plus ouvert son cœur à la haine & à la vengeance. Horace, Juvénal & Despréaux, n'approchent point de sa causticité. Quand Archiloque étoit las de s'exercer sur ses ennemis, il déchiroit impitoyablement ses amis & ses proches. Il n'est point d'horreurs dont il n'ait chargé sa mère. Il poussa ses fureurs satyriques jusqu'à invectiver contre lui-même. » Sans lui, dit Critias, nous igno- » rerions que la misère le contraignit » d'abandonner l'isle de Paros, & de » se réfugier dans celle de Thase. Nous » ignorerions les égaremens de sa ver- » ve insensée, la terreur qu'il inspiroit, » la haine qu'on lui portoit, ses dé- » bauches infames, sa poltronerie ex- » trême, la honte dont il se couvrit » en jettant son bouclier. «

Sa querelle avec Lycambe vint de ce que ce dernier, également homme de lettres, mais ennemi de la démence & de l'abus de la poësie, refusa de lui donner sa fille en mariage. Archiloque croyoit être en droit de l'avoir, sur ce qu'on la lui avoit promise d'abord.

Soit qu'il fût amoureux de la fille

de Lycambe, soit qu'on eût accompagné le refus de termes offensans, il médita quelque vengeance éclatante. Ses armes étoient la satyre; il en fit usage. Il répandit tous les torrens de sa bile.

Le père de l'accordée en fut d'abord inondé. Brocards, sarcasmes, en vers iambiques, fondirent sur lui. L'accordée éprouva le même traitement; elle se vit diffamée. Les traits, lancés contre Lycambe & sa fille, furent pour eux des coups mortels. On assure qu'ils se pendirent de désespoir. *

---

* Qu'on joigne, à cet exemple, les suivans; & l'on verra quel glaive c'est que la satyre, & la critique poussée trop loin. Hipponax réduisit deux sculpteurs à se pendre, parce qu'il les avoit satyrisés. Un disciple de Pythagore s'étrangla, pour en avoir été repris trop vivement en public. Diodorus Cronus n'ayant pu résoudre quelques difficultés de logique qu'on lui avoit proposées à la table d'un roi d'Egypte, & ce prince l'en ayant plaisanté, il mourut de chagrin. Le cardinal Spinola mourut également pour avoir oui proférer à Philippe II ces paroles de disgrace: *Cardenal, yo soy el Presidente.* Un jeune homme, arrivé de Languedoc, trouva le coup de la mort dans une critique vive que lui fit l'*Etoile* d'une tragédie qu'il avoit apportée de sa province, & qu'il croyoit un chef-d'œuvre. Le Murtola, furieux pour quelques vers qu'avoit faits contre lui le cavalier Marin, l'attend dans une rue de Turin, & lui tire de près un coup de pistolet, chargé

Non content de ces deux victimes immolées à sa fureur, Archiloque voulut faire expier la rupture de son mariage à toute la famille des Lycambe. Il en releva des aventures diffamantes & secrettes. On croit, au moins, que c'est la raison pour laquelle deux autres filles de Lycambe suivirent l'exemple de leur père.

Les emportemens d'Archiloque amusèrent quelques esprits aussi méchans que le sien ; mais le public fut révolté. Une telle licence parut une peste dans un état. On résolut de l'arrêter. Les maximes pernicieuses, la morale infame que préchoit le poëte, & qu'il avoit soin d'accompagner d'une diction véhémente, énergique, achevèrent de le décrier. Sparte défendit la lecture de ses poësies, & de quelque ouvrage de lui que ce pût être. On croit même qu'il fut banni de la république, pour avoir inféré dans ses vers, qu'*il vaut mieux jetter bas les armes*

---

de cinq bales. Le Murtola manqua le signor Marini. Heureusement nos écrivains sont devenus moins sensibles. S'il falloit qu'ils s'assassinassent toutes les fois qu'ils se disent des injures, combien nous en resteroit-il ?

que mourir. On le regarda comme un traître.

Pindare dit que, quoiqu'Archiloque s'engraifsât à médire, il étoit souvent réduit fort à l'étroit.

Mais il fe moqua de tout, de l'indigence & de l'exil. Le vin, Apollon & l'amour, le confolèrent. Il n'eut qu'un regret : celui d'avoir caufé la mort de Lycambe & de fa fille ; regret qu'il tâchoit d'étouffer, en chantant & jouant de quelque inftrument : car il étoit muficien, ainfi que tous les poëtes d'alors. Il fit, fur cette victime infortunée, ces vers rendus par *Amiot* :

> Pour lamenter, fon mal ne guérirai ;
> Ni, pour jouer, je ne l'empirerai.

Ce fatyrique affaffin fut affaffiné lui-même. On fe vengea, par le fer, du poignard que fes iambes enfonçoient dans le cœur.

Cette forte de vers eft remarquable, en ce que les uns ne faifoient que fe déclamer, & les autres fe chantoient. Les premiers étoient accompagnés des fons de la cythare. A l'égard de la partie chantée, l'inftrument qui l'accompagnoit s'y conformoit servilement, & ne rendoit que les mêmes sons que le poëte musicien avoit entonnés.

SOPHOCLE,

et

EURIPIDE.

Ils sont le Corneille & le Racine de la Grèce. Rotrou, contemporain du premier de nos tragiques François, & prédécesseur de l'autre, les éclaira tous deux dans leur carrière. Eschyle avoit devancé les deux tragiques Grecs, & les avoit mis sur la voie. Ils n'eurent qu'à perfectionner. Mais Corneille, ayant trouvé l'art à peine ébauché, eut bien plus d'obstacles à surmonter, pour atteindre à sa perfection. Euripide & Racine virent devant eux des routes tracées. Ils n'eurent chacun qu'à choisir, qu'à diriger leur vol, qu'à marcher à la faveur d'une lumière éclatante & sûre. Peut-être, sans ce secours, leur génie ne se fut-il jamais développé.

Du temps d'Eschyle, la scène Grecque, quelque progrès qu'elle eût fait depuis Thespis, étoit encore un peu informe. On manquoit quelquefois à la règle des trois unités. On n'entendoit pas assez bien le plan des pièces. On outroit sur-tout les caractères. La scène étoit en proie à des sentimens hors de nature & gigantesques ; à des expressions dures, raboteuses, obscures, embarrassées ; aux situations les plus terribles & les moins vraisemblables. Eschyle, souvent guindé, toujours furieux, frappoit, tonnoit sans cesse. Il atterroit les spectateurs par des coups épouvantables. Des enfans, saisis de crainte, tombèrent, dit-on, plus d'une fois roides morts sur le théâtre. Des femmes grosses accouchèrent. Ces défauts de la scène étoient inséparables de l'imagination étonnante du poëte, de l'élévation & de la fierté de son ame, de sa manière de concevoir & de rendre fortement & vivement les choses.

Sophocle vint, qui corrigea ces mêmes défauts, qui ramena tout à l'ordre, au vraisemblable, à la décence. Ses plans furent réguliers ; ses caractères beaux, nobles & soutenus; ses peintures vives; ses pensées sublimes & vraies; sa diction belle, majestueuse, coulante. On l'appelloit indifféremment l'*abeille* ou *la syrène Attique*.

Sophocle enfin, donnant l'essor à son génie,
Accrut encor la pompe, augmenta l'harmonie.

Euripide s'éleva moins haut. Il peignit l'homme d'après l'homme même. Le naturel, l'élégance, la facilité, les graces, le caractèrisent. Il touche, il intéresse; il parle continuellement au cœur, & le gagne. Sophocle élève l'ame, aggrandit les idées. On admire le premier, & l'on aime le second. Euripide est rempli de ces traits sententieux, de ces maximes isolées & lumineuses qui frappent par leur vérité, qui préviennent, rémuent, échauffent les spectateurs, & décident le succès des pièces. On lui reproche d'avoir souvent mis dans les siennes des allusions déplacées, d'avoir fait plus de portraits que de tableaux. Son antipathie pour le beau sexe parut dans toutes les occasions qu'il eut d'en médire. On l'accusoit d'en vouloir à toutes les femmes, depuis qu'il avoit éprouvé l'infidélité de la sienne. Aussi, les poëtes comiques plaisantèrent-ils sur son compte, en lui donnant le titre de *misogyne*.

Enfin, Sophocle & Euripide faisoient la gloire & les délices d'Athènes. Ils partageoient son admiration & ses applaudissemens. Faits tous les deux pour s'estimer & s'aimer, ils en vinrent à se porter une haine implacable. Elle avoit sa source dans la jalousie. Athènes, la florissante Athènes, rendoit justice à tous deux : eux seuls ne vouloient pas se la rendre. Les suffrages, donnés à l'un, faisoient le tourment de l'autre. Il paroît que les plus grands torts étoient du côté de Sophocle.

Ce poëte, si souvent vainqueur en toutes sortes de combats d'esprit, accoutumé depuis long-temps aux acclamations de ses concitoyens, s'étoit fait un besoin de leurs éloges, & n'en vouloit que d'exclusifs. Il se regardoit comme le monarque du théâtre. Ne croyant pas que sa gloire pût jamais être balancée, il la mit à encourager Euripide dès son entrée dans la carrière. Il le considéra comme une ombre qui releveroit l'éclat de sa grande réputation. En conséquence, il l'accueillit & voulut prendre soin de le former.

Mais, du moment qu'il vit son élève en état de lui disputer la primauté dans le genre tragique, il maudit son propre ouvrage. C'est ainsi que tant d'écrivains & d'artistes, blanchis dans l'art, & enivrés des plus grands succès, en usent à l'égard des jeunes gens qui s'élèvent jusqu'à devenir leurs rivaux. Après avoir commencé par être leurs protecteurs & chérir en eux le talent, ils se déclarent leurs ennemis les plus redoutables.

Sophocle mit la division sur le Parnasse. Il avoit jusques-là très-bien joué le héros, l'auteur qui méprise sa gloire particulière, qui n'aime que le progrès de l'art, son repos & sa liberté, la paix & l'union entre les gens de lettres. Tous ces grands sentimens se démentirent. Athènes fut partagée. Il y eut deux partis bien formés, le parti de Sophocle & celui d'Euripide.

Soit par douceur de caractère, soit par considération pour son ancien maître, Euripide ne vouloit pas éclater,

Il garda toujours les bienséances. Il écrivit même des choses obligeantes à Sophocle, qui, s'étant embarqué pour l'isle de Chio, portant avec lui tous ses manuscrits, avoit couru risque de faire naufrage. La lettre rouloit « sur le grand intérêt que les Athé- » niens avoient pris à cet événement ; » sur le danger auquel la république » des lettres avoit été exposée ; sur » l'attention particulière de la provi- » dence à rendre à la patrie, au genre » humain, un homme qui en avoit si » bien mérité. «

Les bons procédés désarment l'envie, mais rarement celle des poëtes. Sophocle se croit humilié de ce trait de grandeur d'ame. Il parle, il écrit tant contre son rival, que celui-ci perd enfin patience, & repousse les injures par des injures. Ils s'en accablent mutuellement, se reprochent d'employer d'indignes ressorts pour captiver les suffrages, de ne pas sçavoir manier les passions, de ne montrer aucune intelligence du théâtre. Ils s'imputent les défauts qu'ils n'ont point, & laissent ceux qu'ils ont véritablement, le vuide d'action dans leurs pièces, & la déclamation.

Cette critique de leurs ouvrages amène bientôt les plus odieuses personalités. Sophocle accuse Euripide d'aimer l'argent, & d'avoir été gagné pour maltraiter les Lacédémoniens, leur roi, les femmes en général, & Médée en particulier. Celui-ci renouvelle contre Sophocle l'accusation d'impiété & d'athéisme.

Au milieu de ces animosités, de ces violences dont toute la ville d'Athènes étoit témoin, & dont les amateurs gémissoient, on voyoit souvent éclore des pièces nouvelles de la part de ces deux grands génies. Ils mettoient à profit leur jalousie mutuelle, & l'œil perçant de la critique, pour s'arracher des lauriers.

Après avoir traité différens sujets, ils choisirent les mêmes, & combattirent comme en champ-clos. Leur cabale respective applaudissoit ou désapprouvoit, jugeoit tout divin ou détestable, selon l'intérêt qu'elle prenoit aux combattans. Tels nous avons vu messieurs de Crébillon & Voltaire, luttant l'un contre l'autre dans Oreste, dans Sémiramis & dans Catilina. Paris a été partagé comme Athènes; & c'est un assez beau triomphe pour l'auteur de Rhadamiste, de compter encore quelques partisans.

La jalousie des deux célèbres tragiques Grecs eut son terme; elle devint une noble émulation. Ils se réconcilièrent. Cette lettre d'Euripide nous l'atteste : » L'inconstance n'est
» pas mon caractère. J'ai toujours eu
» les mêmes amis, à l'exception de
» Sophocle; & même, en cessant de
» le voir, je ne l'ai point haï. Je l'ai
» toujours admiré. D'injustes procé-
» dés m'ont aliéné de lui : les bons
» m'en ont rapproché. J'espère que
» le temps ne fera que cimenter notre
» réunion. Quel déplaisir mortel ne
» cause-t-elle point à ces esprits mé-
» chans & brouillons qui s'applaudis-
» soient de voir la guerre entre nous,
» & n'oublioient rien pour l'entrete-
» nir! «

Les affaires que lui suscita son attachement à la doctrine de Socrate, & les mécontentemens qu'il eut de sa patrie, forcèrent Euripide à la quitter. Il se retira chez Archélaüs, roi de Macédoine. Ce prince avoit la plus grande considération pour les gens de lettres. On prétend qu'il fit Euripide son premier ministre.

La fin des deux plus beaux ornemens de la scène Grecque fut aussi malheureuse que le cours de leur vie fut brillant. Sophocle s'étrangla, dit-on, pour avoir avalé mal-adroitement un grain de raisin. Euripide, s'étant égaré dans un bois, fut surpris par les chiens d'Archélaüs, qui le mirent en pièces. Quelques personnes veulent qu'il n'ait péri que de la main des femmes. Sophocle lui survéquit, quoique beaucoup plus âgé. L'ingratitude des enfans de Sophocle est fameuse. Ennuyés de le voir vivre, impatiens d'hériter de lui, croyant son extrême vieillesse un attentat à leurs droits, ils l'accusent d'être tombé en enfance. Ils le déferent aux magistrats, comme incapable de régir ses biens. Quelle défense oppose-t-il à ses enfans ? Une seule. Il montre aux juges son *Œdipe à Colone*, tragédie qu'il venoit d'achever. Jamais accusé ne fut absous plus promptement, ni renvoyé avec tant d'acclamations & de gloire.

ARISTOPHANE,

ET

SOCRATE.

Le nom de Socrate est un éloge. Les Grecs n'ont point eu de personnage plus recommandable : c'est leur sage par excellence. Il essaya de toutes les professions. Il fut soldat, peintre, sculpteur, philosophe, orateur, poëte, grammairien, sçavant, homme sur tout à bons mots, à grandes maximes. Il déclama toute sa vie contre les grandeurs & les richesses. Il recommandoit trois choses à ses disciples ; la sagesse, le silence & la chasteté. Ce n'est pas qu'il les eût pratiquées toutes trois. Il avoit connu les passions comme les autres hommes, & les avoit même eues plus vives. Mais il vouloit que ses fautes tournassent à profit. Il avoit mauvaise opinion des femmes, & s'égayoit sur leur compte par des comparaisons applaudies de son temps, & fort insipides aujourd'hui. On le consultoit de toutes parts. On croyoit qu'il avoit le dépôt de toutes les connoissances humaines, pendant qu'il répétoit continuellement : *Je ne sçais qu'une chose ; c'est que je ne sçais rien.*

Mais bien des gens trouvoient qu'il n'avoit de modeste que le propos ; que ses manières ne l'étoient point ; que l'ambition de régner sur les esprits étoit sa passion dominante ; que, gouvernant la république d'Athènes, il croyoit devoir être également obéi dans celle des lettres. Ses ennemis prétendoient qu'il étoit odieux qu'un citoyen s'élevât une espèce de tribunal, auquel tous les auteurs ressortissoient : de sorte qu'il fallut que les ouvrages nouveaux, & sur-tout les pièces de théâtre, méritassent son approbation pour avoir celle du public.

Socrate alloit à la vérité rarement aux spectacles. Il avoit même là-dessus des idées sévères. Mais on se plaignoit qu'il n'y paroissoit encore que trop, que sa présence y gênoit, & souvent même y portoit le trouble.

A Athènes, comme à Paris, dans la représentation d'une pièce nouvelle, les spectateurs se prévenoient pour ou contre, selon que l'auteur étoit de leurs amis ou de leurs ennemis, & que ses idées étoient analogues aux leurs. Socrate frondoit les comédies d'Aristophane. Elles lui sembloient être du plus mauvais goût.

Lorsque ce comique en donnoit, que le peuple y couroit en foule, & que Socrate disoit le moindre mot contre la pièce & l'auteur, les défenseurs de celui-ci l'accusoient d'avoir mis en jeu tous les ressorts imaginables pour arrêter l'enthousiasme des Athéniens, & nuire à l'illusion théâtrale. Ils ajoutoient qu'il ne falloit pas s'en rapporter aux déclamations de ce philosophe bel-esprit, qui faisoit des monstres des moindres défauts de l'ensemble & des détails. Ils se plaignoient amèrement de ce que ses gestes & ses discours en imposoient, & de ce que ses jugemens étoient repétés, comme autant d'oracles, par une foule de subalternes totalement subjugués. Ces censeurs, disoient-ils, ne frondent que par air, par singularité, par envie de se donner la réputation de connoisseurs, & de partager celle du grand Socrate.

Cependant vingt critiques, sous des titres différens, couroient dans Athènes, afin de prouver qu'Aristophane n'avoit pas dû plaire; mais cet excellent comique avoit aussi ses enthousiastes. Sa faction tenoit tête à la faction opposée. La même chose arrive parmi nous toutes les fois qu'il paroît une nouveauté sur nos théâtres, & principalement quand l'auteur a quelque réputation. On croit voir, dans le nombre de ses partisans & de ses ennemis, deux armées qui se mêlent. Mais, que résulte-t-il des coups qu'ils se portent ? Rien, selon quelques personnes. (*)

(*) Riccoboni n'imagine pas que la cabale puisse causer la chûte d'une bonne pièce. » J'en ai vu, » dit-il, des mieux ameutées & des moins judi-» cieuses; mais, ce que j'ai vu aussi, c'est que j'ai » vu ces cabalistes, ces conjurés si redoutés, ou-» blier leur rôle de perturbateurs à gages, non » pas à ce qu'on appelle communément les beaux » endroits, les tirades qui sont souvent aussi dé-« clamatoires que puériles & bien travaillées, » mais aux endroits où la nature & le vrai se » trouvent peints. Je les ai vus écouter & applau-» dir, sans s'en appercevoir, par sentiment & par » instinct. « Oui, sans doute, la cabale ne fera jamais tomber une excellente pièce. Mais, combien de mauvaises ne fait-elle pas réussir, au moins pour quelque temps ? De pareils succès causent le désespoir d'un bon auteur, & le dégoûtent quelquefois du théâtre.

Toutes les ironies, les plaisanteries & les critiques de Socrate, vinrent bientôt à la connoiffance d'Ariftophane. La guerre fut dès-lors déclarée. Les fages étoient fcandalifés de voir leur chef aux prifes avec un comique. Celui-ci ne lui fit aucune grace. Accoutumé depuis long-temps à braver toutes les bienféances ; à mettre au théâtre des faits connus, des actions vraies, avec les noms, les habits, les geftes, & même les vifages des citoyens par des mafques très-reffemblans ; à n'épargner perfonne ; à ridiculifer les premiers de l'état, les généraux d'armée & les juges de l'aréopage ; il ne crut pas devoir refpecter beaucoup un fage qui s'oublioit lui-même, & qu'il accufoit de n'avoir que

---

Pour les prévenir, on ne fçauroit mettre affez d'ordre dans nos falles de fpectacles. Qu'étoient-elles il y a fept ou huit ans ? le rendez-vous de la licence effrénée. Elle les rempliffoit de fes cris odieux, fouvent même indécens. Les honnêtes gens y gémiffoient alors autant qu'ils y font à l'aife aujourd'hui. Spectateurs, acteurs, auteurs, tous gagnent à ce refpectueux filence qu'on y impofe. Les applaudiffemens, pour être moins tumultueux, n'en font que plus flatteurs. Cependant, le plus grand acteur de la fcène Françoife a regret à la privation de la première liberté, de la franchife & des faillies du parterre.

l'apparence

l'apparence de grand homme. Aristophane fit donc usage de ses talens. Il joua Socrate en plein théâtre.

Socrate, avec toute sa sagesse, prêtoit à la plaisanterie. Cet oracle de Delphes, qui l'avoit nommé l'homme de la Grèce le plus sage; cette fureur de décrier toutes les sectes, & de n'en avoir aucune; cette antipathie pour tout ce qui étoit mode, agrémens, magnificence, plaisirs, fêtes; ses goûts suspects; ses tracasseries de ménage; le prétendu démon duquel il se disoit inspiré; tout, jusqu'à sa naissance & sa profession, fournissoit des armes contre lui. Le poëte n'eut qu'à recueillir la plupart de ces traits: il en fit le sujet d'une comédie, qu'il intitula les *Nuées*.

On y voyoit Socrate enflé de vaine gloire, chantant ses propres louanges; répétant sans cesse qu'il étoit initié dans tous les secrets de la nature; qu'il étoit envoyé des cieux pour éclairer la terre; que la jeunesse vînt à lui pour s'instruire; qu'il avoit une méthode à laquelle étoient attachées la gloire & la félicité des générations à venir. Après s'être prodigieusement vanté lui-même, il faisoit la satyre des hommes & celle des dieux.

Il déployoit ensuite quelques-uns de ses rares talens. Il instruisoit à la fripponerie un vieux père de famille accablé de dettes, & qui le consultoit sur la manière de tromper ses créanciers & les juges. Ce père, se défiant de pouvoir à son âge suivre des maximes aussi détestables, amenoit son fils pour qu'il apprît de bonne heure à les mettre en pratique. Le fils, impatient de se former à l'école d'un tel maître, & de se montrer habile, débutoit par battre son père lui-même.

Qu'on juge combien devoit plaire à la multitude ce fonds de comédie exécuté par un excellent comique, qui peignoit tout du pinceau le plus animé, le plus brillant, le plus hardi, le plus fort ; qui chargeoit toujours ses portraits, & prodiguoit des allusions grossières.

Nous n'avons rien en Europe qui nous donne une idée juste de la comédie des Grecs. Celle des Italiens n'est qu'un recueil d'in-promptu dénués la plupart de raison & de sel. Les Espagnols manquent de naturel

& de régularité : ils ont un *Gracioso*, manière d'Arlequin, qui ne les fait jamais tant rire que lorsqu'il jure par des saints d'un nom inconnu & bisarre. La comédie Angloise n'a rien de commun avec la Grecque que son obscénité dans l'action & dans le dialogue. La nôtre est plus dans le goût de Ménandre que dans celui d'Aristophane. Si l'on retrouve quelque part ce dernier, son enjoûment, son aimable désordre, ses bouffonneries, ses traits perçans & cyniques, c'est sur le théâtre de notre comédie Italienne ou sur celui de la Foire ; théâtres de tout temps en possession de relever les ridicules célèbres, de contrefaire la figure, la voix, les gestes, les manières de ceux qu'on juge devoir être l'objet de l'amusement du public.

La comédie des *Nuées* avoit surtout le mérite de l'à-propos & des circonstances. L'auteur de cette satyre de Socrate faisoit adroitement l'éloge des Athéniens. Ils eussent dû le condamner, le punir d'oser ainsi s'ériger en censeur public, attaquer la réputation d'un citoyen si respectacle. La cabale des ennemis de Socrate fit ré-

B ij

compenser Aristophane. L'amour de l'égalité, l'envie de voir abbaisser dans une république le mérite suprême & dangereux, aveugla sur l'excès de la critique; &, quoique la pièce eut d'abord été sifflée, ils honorèrent ensuite le poëte d'une couronne de l'olivier sacré.

On a plus d'une fois, parmi nous, ramené la comédie au genre d'Aristophane, & fait d'elle une satyre dialoguée (*). L'abbé de Saint-Pierre ne

―――――――――――――――――

(*) Sans parler des exemples tous récens, & principalement de la comédie des *Philosophes* & de celle de l'*Ecossoise*, Moliere a joué l'hôtel de Rambouillet, Ménage & l'abbé Cotin, l'un sous le nom de *Vadius*, l'autre sous celui de *Tricotin*, changé depuis en *Trissotin*. Dans l'in-promptu de Versailles, il a nommé Boursault, qui avoit fait contre lui la comédie intitulée le *Portrait du peintre*. Il ne ménagea pas la cour & les dévots, encore moins les médecins, sans nommer néanmoins les personnes. Racine mit sur le théâtre la magistrature. Personne n'a plus eu à se plaindre que l'abbé Pellegrin. De combien de ridicules ne fut-il pas couvert sous le nom de M. de la Rimaille? Il étoit devenu le plastron de mille gens qui n'avoient aucun de ses talens. Son opéra de *Jephté* annonce le poëte. Il lui manqua seulement de faire les vers avec moins de facilité. Les besoins le forçoient d'avilir sa plume, de tenir toute prête une collection d'épigrammes, de madrigaux, d'épithalames, de complimens, &c., & de vendre chaque pièce à raison de sa longueur. La difficulté qu'il avoit de s'exprimer, & son extérieur négli-

désapprouvoit point qu'en certain cas on en usât ainsi. Il vouloit que la scène fût un remède aux délires de l'esprit humain ; qu'on ne s'armât point de rigueur contre les fanatiques, de quelque espèce qu'ils fussent ; mais qu'on les jouât sur tous les théâtres, même à la Foire & aux Marionettes ; & que, ces jours-là, on donnât *gratis* la comédie. Une trop grande licence n'est ni dans nos mœurs, ni selon nos loix. Si, dans Athènes, elle fut récompensée, on en connut depuis l'abus. Cette même Athènes défendit de traiter des sujets véritables, & de nommer les personnes. Cette nécessité d'employer des sujets & des noms de pure invention, fut l'époque de la belle comédie, de celle de Ménandre & de Philémon, appellée la *nouvelle comédie*, par opposition à l'*ancienne*, dont le stile bouffon & cynique se ressentoit de la charrette de *Thespis*, & à la *moyenne*, qui, quoique plus régulière

---

gé, bisarre, fournissoient encore matière aux rieurs. On plaisanta jusques sur la mort de ce poëte famélique, causée par une indigestion. On feroit un gros recueil de tout ce qu'on a dit & écrit contre ce *millionaire* de vers.

dans son plan, n'en étoit ni plus réservée, ni plus innocente.

La manière dont Socrate se comporta dans le temps qu'on annonça les *Nuées*, caractérise bien ce philosophe. Averti du jour où l'on devoit les représenter, il se rend le premier au spectacle, s'y place de façon à pouvoir être vu de tout le monde, applaudit aux endroits qui faisoient le plus rire à ses dépens, se lève plusieurs fois, afin de se montrer à des étrangers qui demandoient à le voir, & ne sort que le dernier de l'assemblée. On ne sçavoit qui se lasseroit plutôt, ou les spectateurs de rire, ou Socrate de se donner en spectacle. Il crut se trouver alors au milieu d'un repas délicieux, dans l'ivresse de la joie la plus vive, parmi des convives qui ne le plaisantoient que pour le faire briller & contribuer au plaisir de la fête.

On a prétendu que la comédie des *Nuées* avoit eu des suites cruelles, & qu'elle avoit influé sur la mort du philosophe. Mais, sur quoi se fonde-t-on? On ne le chargea d'accusations graves & capitales, que vingt-trois ans après la représentation de cette pièce.

Il paroît que tout l'effet qu'elle produisit, fut d'amuser le peuple d'Athènes. Les juges de l'aréopage auroient-ils dicté des arrêts de mort sur des bouffonneries ?

D'ailleurs, Platon lui-même, le grand Platon, disciple de Socrate & son apologiste, donne des louanges au poëte comique, dit que les graces habitent dans son sein. Il a mis Aristophane dans son *banquet*, l'a distingué des autres, l'a fait parler suivant son caractère, & même avec ce Socrate immolé à la risée.

Ce qui perdit celui-ci, ce fut moins sa philosophie huée sur le théâtre, ce furent moins ses maximes tournées en ridicule, que sa façon libre de s'expliquer sur la religion & sur le gouvernement de son pays. Ses déclamations continuelles firent grossir & crever l'orage. Il se présenta deux infames délateurs, Anite & Melite, qui l'accusèrent d'athéisme, parce qu'il se moquoit de la pluralité des dieux. Les juges le condamnèrent à boire du jus de ciguë.

Il vit sa fin du même œil d'indifférence dont il avoit envisagé tous les événemens de la vie. Sa femme & ses amis recueillirent ses dernières paroles ; elles furent toutes d'un sage. Elles rouloient sur l'immortalité de l'ame, & prouvoient la grandeur de la sienne. Quelques pères de l'église décorent ce sage du titre de martyr de Dieu. Erasme dit qu'autant de fois qu'il lit la belle mort de Socrate, il est tenté de s'écrier: *O saint Socrate, priez pour nous* (*).

(*) *Vix mihi tempero quin dicam :* Sancte Socrates, ora pro nobis.

PLATON,
ET
ARISTOTE.

CES deux philosophes remplirent la Grèce du bruit de leurs divisions. Il en résulta la secte académique & la secte péripatéticienne. Platon fut le chef de la première ; Aristote, celui de la seconde. Les académiciens & les péripatéticiens étoient ennemis jurés les uns des autres. Ils se chargeoient d'anathêmes, selon l'usage de toutes les sectes rivales.

Aristote avoit étudié sous le divin Platon. Mais, le moyen que le disciple & le maître s'accordassent pour la doctrine ! Ils avoient l'un & l'autre des goûts & des talens très-opposés. Représentons-nous, dans Platon, un homme simple, modeste, frugal, de mœurs austères, bon ami, citoyen zélé ; mais très-mauvais politique ; aimant le bien, & voulant le procurer aux hommes ; parlant toujours d'eux, & les connoissant peu ; aussi chimérique dans ses idées, que notre vertueux abbé de Saint-Pierre, ou le célèbre misanthrope Génevois. Aristote, au contraire, n'avoit rien de l'austérité d'un philosophe. Il étoit ouvert, enjoué, séduisant dans la conversation, fougueux & volage dans ses plaisirs, magnifique dans ses habits. On le peint encore né fier, moqueur & dédaigneux. Il allioit le goût d'une étude profonde à celui de la dissipation. L'amour du luxe le jetta dans de si grandes dépenses, étant jeune, qu'il consuma tout son bien.

Quant à la différence des talens de ces deux philosophes, il faut lire dans le père Rapin leur ingénieux parallèle :

« L'esprit de Platon est plus poli, &
» celui d'Aristote est plus vaste & plus
» profond. Platon a l'imagination vi-
» ve, abondante, fertile en inven-
» tions, en idées, en expressions, en
» figures ; donnant mille tours diffé-
» rens, mille couleurs nouvelles, &
» toutes agréables, à chaque chose :
» mais, après tout, ce n'est souvent
» que de l'imagination. Aristote est
» dur & sec en tout ce qu'il dit ; mais
» ce sont des raisons que ce qu'il dit,
» quoiqu'il le dise sèchement : sa dic-
» tion, toute pure qu'elle est, a je ne
» sçais quoi d'austère ; & ses obscu-
» rités naturelles ou affectées dégoû-
» tent & fatiguent les lecteurs. Platon
» est délicat dans tout ce qu'il pense
» & dans tout ce qu'il dit : Aristote
» ne l'est point du tout, pour être
» plus naturel. Son stile est simple &
» uni, mais serré & nerveux : celui
» de Platon est grand & élevé, mais
» lâche & diffus : celui-ci dit tou-
» jours plus qu'il n'en faut dire ; celui-
» là n'en dit jamais assez, & laisse à
» penser toujours plus qu'il n'en dit :
» l'un surprend l'esprit, & l'éblouit
» par un caractère éclatant & fleuri ;

» l'autre l'éclaire & l'instruit par une
» méthode juste & solide..... Platon
» donne de l'esprit, par la fécondité
» du sien ; & Aristote donne du juge-
» ment & de la raison, par l'impression
» du bon-sens qui paroît dans tout ce
» qu'il dit. Enfin, Platon ne pense le
» plus souvent qu'à bien dire, & Aris-
» tote ne pense qu'à bien penser «.

On a surnommé Platon l'Homère des philosophes. Il tient véritablement d'Homère, dans les sujets élevés qu'il traite : dans ceux où il se déride, où l'amour l'inspire, c'est un autre Anacréon : témoin ces vers passionnés qu'il fit pour Agathon, & que Fontenelle a rendus dans ses dialogues :

Lorsqu'Agathis, par un baiser de flamme,
Consent à me payer des maux que j'ai sentis,
Sur mes lèvres soudain je sens voler mon ame
Qui veut passer sur celles d'Agathis.

Aristote fut précepteur d'Alexandre. Quelle gloire pour l'un & l'autre ! Philippe, en parlant de son fils, écrivoit au philosophe : » Je rends moins
» grace aux dieux de me l'avoir don-
» né, que de l'avoir fait naître pen-
» dant votre vie. « Paroles bien remarquables, ainsi que celles d'Alexan-

dre, qui font l'expreffion de la reconnoiffance la plus vive : » Je dois le jour » à mon père : mais, je dois à mon » précepteur l'art de me conduire. Si » je règne avec quelque gloire, je » lui en ai toute l'obligation. «

L'oppofition de caractère & de génie, entre Ariftote & Platon, produifit bientôt les effets qu'on devoit en attendre. Ces deux grandes lumières de la Grèce cherchèrent à s'obfcurcir mutuellement. Les liens de la reconnoiffance & des devoirs furent rompus : le difciple éclata contre le maître. Ariftote ne voulut plus fe conduire que par lui-même, par fes principes & fes idées. Il foutint des opinions diamétralement oppofées à celles de fon maître.

Platon en conçut un dépit mortel. Il fe plaignit de l'audace du jeune homme; le traita d'ingrat & de rebèle, d'orgueilleux, de téméraire & d'infenfé; plaifanta beaucoup fur toute fa perfonne, fur fes difcours & fes habits recherchés, fes goûts frivoles & fes prétentions fans nombre. Ariftote, de fon côté, n'épargna pas fon antagonifte. Il ne fongea qu'à fe venger de ses discours, qu'à l'irriter, qu'à le faire donner dans quelque piège.

Une dispute réglée dans laquelle on feroit assaut d'esprit & d'érudition, & les spectateurs décideroient du mérite des combattans, étoit l'objet de l'ambition d'Aristote. Mais il ne lui étoit pas aisé de se donner cette satisfaction.

Platon avoit des disciples qui prenoient un vif intérêt à sa gloire, entr'autres, Xénocrate, Speusippe, Amiclas. Il avoit eu l'adresse de les vanter beaucoup; de leur donner, dans toutes les occasions, la préférence sur Aristote, & de les rendre jaloux de lui. Toutes les fois qu'Aristote avoit cherché les moyens d'engager une affaire, ils l'avoient empêchée par attachement pour leur maître, dont ils craignoient de voir la réputation compromise.

Malheureusement, un jour que Platon se trouvoit dans son école sans aucun des trois, Aristote y vole. Une foule de gens apostés pour être témoins de la scène, entre avec lui. L'idole, dont on vouloit renverser les autels & confondre les oracles, se présente. C'étoit alors un vieillard respectable, auquel le poids des années avoit affoibli la mémoire. Le combat ne fut pas long. Quelques queſtions ſophiſtiques, faites coup ſur coup, embarraſsèrent Platon. Il ſe vit enveloppé dans les pièges ſéduiſans de la plus ſubtile dialectique, & proféra ces paroles qui tombent ſur ſon ancien diſciple : *Il a rué contre nous, comme un poulain contre ſa mère.*

Depuis cette aventure humiliante, il ne donna plus de leçons en public. Ariſtote reſta maître du champ de bataille. Il leva promptement une école, & ne fut occupé qu'à la rendre la plus fameuſe de la Grèce.

Les trois diſciples de Platon, inſtruits de ce qui s'étoit paſſé, reconnoiſſent leur imprudence de l'avoir laiſſé ſans aucun d'eux, ſe la reprochent, & ſongent à la réparer. Xénocrate, le plus ardent de tous, va joindre Ariſtote, l'attaque à ſon tour, l'embarraſſe dans la diſpute, fait quitter la place à l'uſurpateur, & rétablit Platon dans tous ſes droits, dans cette école célèbre par la réputation du maître, par le nombre & les talens des diſciples, la propreté ſingulière & les ornemens du lieu. En effet, les écoles de la Grèce étoient très-différentes des nôtres.

On avoit soin qu'elles fussent bien tenues, embellies de tableaux & de peintures emblématiques. On voyoit, dans l'endroit le plus apparent de l'académie, les trois Graces représentées avec leurs attributs, pour montrer qu'elles peuvent s'allier à la philosophie, & que l'utile ne doit paroître que sous les dehors de l'agrément.

Aristote ne se rebuta point, & ne fut que plus animé contre ceux qui s'opposoient à l'établissement de ses idées. Son ardeur passa dans l'ame de ses disciples. Ils firent tête à ceux de Platon. Jamais chefs ne furent mieux soutenus. Académiciens & péripatéticiens étoient continuellement aux mains. Le Lycée ne faisoit que retentir de cris confus. On y défendoit & combattoit tour à tour les mêmes opinions.

Voici quelle étoit la différente façon de penser des maîtres. Platon admettoit un dieu créateur, l'immortalité de l'ame, l'existence des démons, une autre vie heureuse ou malheureuse, selon nos bonnes ou mauvaises actions. Aristote rejettoit tous ces grands principes. Il faisoit le monde éternel, le Hasard maître de tout, l'ame matérielle, & croyoit la vertu pratiquée en pure perte.

Platon mourut. Aristote le regretta, lui fit ériger un autel, sur lequel furent gravés ces transports d'une ame pénétrée :

> Aristote, excité par la reconnoissance,
> Elève cet autel à son maître Platon,
> Dont une cabale en démence
> Blasphéme le glorieux nom.

Ce grand homme, pour survivre à son rival, ne fut pas plus heureux. Il vit ses derniers jours empoisonnés par un prêtre de Cérès qui l'accusa d'impiété. La crainte de la ciguë lui fit quitter Athènes. Il se retira secrettement à Chalcis, ville d'Eubée. On l'y poursuivit. S'empoisonna-t-il alors pour ne pas tomber entre les mains de ses ennemis ? Ou bien ce dialecticien si fameux, qu'on n'appelloit que l'*esprit*, l'*intelligence*, ne pouvant expliquer la cause du flux & reflux de l'Euripe, s'y précipita-t-il en disant : *Puisque je ne puis comprendre l'Euripe, que l'Euripe donc me comprenne ?* Voilà ce qu'on ignore. Après sa mort, il eut des autels & des temples dans Stagire, sa patrie, petite ville de Macédoine, à laquelle il avoit rendu les plus grands services. Sa mémoire doit être chère aux gens de lettres. Il aimoit l'étude avec tant de passion, que, pour y passer les nuits & s'empêcher de dormir, il étendoit hors du lit une main, dans laquelle il avoit une boule d'airain : la boule répondoit à un bassin, & le réveilloit au bruit qu'elle faisoit en tombant. On reproche à ce philosophe de s'être mêlé de quelques intrigues à la cour de Philippe & d'Alexandre.

L'Académie & le Lycée furent long-temps inconsolables de la perte de Platon & d'Aristote.

DÉMOSTHÉNE,
ET
ESCHINE.

LORSQUE Alexandre & Darius combattoient dans les plaines d'Arbelles pour l'empire de l'Asie, Démosthène & Eschine se disputoient dans la Grèce celui de l'éloquence. Mais les deux monarques étoient moins acharnés à leur perte, & moins ambitieux que les deux orateurs. Jamais rivalité ne fut plus grande.

Démosthène étoit Athénien, &, de même que le trop célèbre Rollin, fils d'un coutelier. Resté sans père & sans mère à l'âge de sept ans, il ne reçut aucune éducation jusqu'à celui de quinze. Mais, avec du génie, on supplée à tout. Il fut disciple d'Isocrate, ensuite d'Isée. Sous ces grands maîtres d'éloquence, il le devint bientôt lui-même ; &, dès l'âge de dix-sept ans, il plaida contre ses tuteurs, & les fit condamner à lui payer trente talens qu'il eut la générosité de leur remettre. Son ame n'étoit ouverte qu'à l'ambition. Celle des conquérans lui paroissoit moins juste & moins flatteuse que celle de régner sur ses concitoyens par le talent de la parole. Il avoit la première qualité d'un orateur, & sans laquelle toutes les autres ne sont rien ; le génie. Mais il étoit né bègue. L'art lui fut d'un grand secours. Avec des cailloux qu'il mit dans sa bouche, & qu'il conservoit en parlant très-haut, il parvint à délier sa langue, à se procurer une bonne prononciation. Il s'apprit encore à bien placer ses épaules, en s'exerçant dans une espèce de tribune, au-dessus de laquelle pendoit une hallebarde dont la pointe l'avertissoit de ne pas tant les hausser. Il prononçoit ses harangues devant un miroir, afin de mieux régler son geste. Quelque génie qu'il eût reçu de la nature, il ne se croyoit pas dispensé de l'étude : il ne connoissoit qu'elle. Il s'enfermoit dans des lieux souterreins pour y travailler à la lueur d'une lampe, la tête rasée à demi. Dans cet état bisarre, il étoit plusieurs mois sans paroître. De peur cependant que, fait au silence, aux ténèbres, il ne fût troublé dans la tribune aux harangues par le tumulte des assemblées populaires, il sortoit quelquefois de cette retraite ; &, pour se précautionner contre le bruit, il alloit haranguer les flots impétueux de la mer. Il falloit que tous ses plaisirs, tous ses amusemens fussent subordonnés à son amour extrême de la gloire.

Eschine n'en étoit pas moins passionné. Mais il joignoit à ce goût celui du monde, du jeu, de la table & de la société ; le luxe, le faste & la magnificence. Il accordoit l'ambition avec la vanité. Doué de beaucoup moins d'imagination & de génie que Démosthène, il avoit en récompenfe les talens extérieurs, une figure intéreffante, un fon de voix admirable, un débit frappant. Il étoit monté fur le théâtre dans fa jeuneffe ; & l'action de l'orateur fe reffentit toujours de fa première profeffion. Voilà de quels hommes, de quels génies dépendoit la deftinée de la république d'Athènes. Ils afpiroient également à la gouverner, à s'immortalifer avec elle. Ils briguoient les occafions de la fervir, de jetter les fondemens de cet empire que donnent fur les efprits les talens & la fupériorité des lumières.

La république les employa tous deux. Ils furent envoyés auprès de Philippe, roi de Macédoine, pour traiter avec lui d'une affaire importante ; mais leur ambaffade ne réuffit point. Les deux orateurs vouloient fubjuguer Philippe, père d'Alexandre, & plus grand homme que fon fils ; & le rufé monarque joua les deux orateurs. De retour à Athènes, ils rejettèrent l'un fur l'autre le mauvais fuccès de leur commission. Démosthène accusa le premier son collègue d'avoir prévariqué dans ses fonctions, & trahi la patrie. Eschine devoit être perdu; mais l'accusation n'eut aucune suite, parce que la personne chargée d'entamer le procès, accusée elle-même alors de toutes sortes de crimes, ne put être écoutée en justice. Ainsi tout l'odieux de cette accusation retomba sur Démosthène.

Son rival apprit à le connoître, & médita des projets de vengeance. Il l'éclairoit de près ; il ne songeoit qu'à le faire repentir de cette démarche. Démosthène, de son côté, observoit son adversaire avec plus de malignité que jamais. La moindre distinction que la république accordoit à l'un, faisoit le désespoir de l'autre. Arrive dans ces circonstances la fameuse histoire de la couronne, dont voici les détails.

Depuis les journées si brillantes de Platée, de Salamine & de Marathon, Athènes étoit déchue de sa gloire. Cette ville, l'exemple des autres, l'asyle des beaux arts, des sciences & des vertus, alloit tomber sous un conquérant ambitieux. Philippe, vainqueur à Chéronée, la menaçoit. Ses murs étoient dans un état déplorable. Il falloit un citoyen assez courageux, assez riche pour entreprendre de les réparer. Démosthène fut ce citoyen. Il offrit ses secours, qui furent acceptés. En très-peu de temps, Athènes se trouva hors d'insulte de l'ennemi. Le peuple est au comble de la joie. Un ami de Démosthène, appellé Ctésiphon, profitant de l'enthousiasme de ses concitoyens, les invite à témoigner leur reconnoissance à leur bienfaiteur. Il leur propose de faire décerner à Démosthène une couronne d'or en plein théâtre. Un héraut devoit y déclarer qu'*une pareille distinction étoit la récompense des vertus de l'orateur*. Rien ne parut plus juste aux Athéniens que la proposition de Ctésiphon ; & la couronne d'or fut décernée.

Accorder ce triomphe à Démosthène, c'étoit enfoncer le poignard dans le cœur d'Eschine. Celui-ci, bassement jaloux de ce comble de gloire, désespéré de la seule idée de l'appareil, se croit perdu d'honneur, s'il n'empêche l'exécution de la fête. Il s'élève contre le décret porté par ses concitoyens; il les appelle téméraires, insensés, ennemis des loix & de l'état. Il leur répète qu'ils vont couronner le plus scélérat des hommes. On frémit à ce mot, on suspend l'exécution du décret, on demande le fondement des accusations intentées contre Démosthène, & l'on attend sa défense. Les deux célèbres orateurs se préparent à faire assaut d'éloquence & de génie. La Grèce entière veut être arbître de leur différend. On accourt en foule dans la ville d'Athènes. On attend avec impatience l'issue de cette grande affaire.

Eschine, comme accusateur, parle le premier. Attaquant Démosthène dans la personne de Ctésiphon, il avance, dans son discours, que celui-ci, par sa demande, a violé les loix fondamentales de la république. Oui, dit-il, & je le prouve. Ctésiphon les a violées en trois manières: 1°. En voulant faire couronner un citoyen encore comptable; 2°. en indiquant le théâtre pour le lieu de la proclamation; 3°. en représentant comme le soutien de la patrie celui-là même qui la trahit. L'orateur revient sur chacun des trois chefs d'accusation ; il n'en est point qui ne soit chargé de quelque histoire scandaleuse. Les termes de fourbe, de calomniateur, de scélérat, d'impie, de débauché, sont les épithètes qu'on y donne à Démosthène. Son courage à parler en public, & sa poltronnerie dans les combats, y contrastent plaisamment. On trouve dans la harangue d'Eschine des morceaux de la plus grande éloquence ; mais on y voit aussi des choses foibles & déplacées. Il fut applaudi par le peuple avec transport. Ctésiphon lui-même ne crut pas qu'on pût mieux faire. Il ne vit qu'en tremblant son ami Démosthène se mettre en état de répondre.

Ce n'étoit pas lui rendre justice. A peine cet orateur a-t-il commencé de parler, que sa cause paroît triomphante. La persuasion est sur ses lèvres. Ce ne sont pas des fleurs, des graces, du brillant qu'il cherche à répandre, comme son antagoniste. Tous les traits de son éloquence simple & rapide sont mâles & sublimes. Eschine est un ruisseau qui coule entre des rivages enchantés ;

enchantés ; c'est une lumière plus douce que forte. Démosthène est un torrent auquel il faut que tout cède, un foudre qui embrase tout. Il n'est jamais plus grand, plus redoutable, que lorsqu'on le voit suivre la marche de son ennemi, le terrasser à chaque pas, le faire tomber dans des contradictions grossières dont il profite habilement. On lit encore avec plaisir, dans toutes les langues de l'Europe, son discours pour la défense de Ctésiphon, ou plutôt pour la sienne propre. On y admire l'élévation de son ame, la trempe de son génie. On y reconnoît le ton, la noble audace d'un orateur qui disposoit de tout dans Athènes, des emplois militaires & politiques ; qui armoit ou désarmoit à son gré ses concitoyens ; qui se faisoit plus redouter lui seul de Philippe, que des armées entières. On y voit enfin Démosthène ainsi que dans ses Philippiques, parce que le sublime est de tous les temps, de toutes les nations, & qu'il se soutient sans le stile, comme le diamant brille sans la monture.

Quelle tache néanmoins pour la gloire de ce grand homme, que les

Tome I.   C

invectives grossières dans lesquelles il se répand contre son rival ! » Maudit » monstre de scélératesse, puissent tous » les dieux, & tous les hommes qui » m'écoutent, concourir à t'extermi-» ner, mauvais citoyen, traître dé-» testable, infâme excrément de théâ-» tre ! «

Démosthène triompha ; mais son plus beau triomphe fut la manière dont il usa de la victoire. Eschine, condamné à l'exil pour l'avoir injustement accusé, se trouve sans argent & sans aucun secours. Son vainqueur l'apprend, vole à lui la bourse à la main, & met tant de noblesse dans ses offres, qu'il l'oblige à les accepter. Eschine, frappé de cette grandeur d'ame, s'écrie alors : » Comment » ne regretterois-je pas une patrie où » je laisse un ennemi si généreux, que » je désespère de rencontrer ailleurs » des amis qui lui ressemblent ? «

Rhodes fut le lieu de son exil. Il lut un jour aux Rhodiens les deux discours sur la couronne. Voyant qu'après avoir beaucoup goûté le sien, ils applaudissoient davantage à celui de Démosthène : *Eh ! que seroit-ce*, dit-il, *si vous l'aviez entendu lui-même ?*

Trois ans après, Démosthène fut également exilé, mais pour un trait qui flétrit toutes ses belles actions. Alexandre demandoit aux Athéniens qu'ils lui livrassent un certain Harpalus, dont il vouloit tirer quelque vengeance. Ils balançoient sur le parti qu'ils prendroient. Démosthène leur conseille de satisfaire le monarque. Ce même Harpalus imagine alors d'envoyer une coupe d'or à Démosthène, qui la reçoit. L'affaire d'Harpalus est remise en délibération ; grand embarras pour Démosthène. Comment oser changer d'avis ? Pour n'être soupçonné de rien, il feint d'avoir un rhume. Il vient à l'assemblée, le cou tout enveloppé. Mais l'imposture de l'orateur, corrompu par l'or, fut découverte & punie par l'exil. Autant Eschine, homme de plaisir & du monde, supporta le sien avec courage ; autant Démosthène, homme farouche, montra de foiblesse.

Ce fléau de Philippe & des rois ne recouvra sa gloire qu'à la mort. Il aima mieux se la donner, que de tomber entre les mains d'Antipater. Arrêté par Archias, il feignit d'avoir à écrire à un de ses parens, & suça le poison qu'il avoit mis dans sa plume. Les Athéniens lui rendirent les honneurs qu'il méritoit. Ils lui firent dresser une statue d'airain, avec cette inscription:

Si la force eût toujours secondé ton grand cœur,
La Grèce n'eût jamais fléchi sous un vainqueur.

VIRGILE,
ET
BAVIUS, MŒVIUS, BATHILLE, &c. &c.

Une différence bien remarquable entre les écrivains d'Athènes & ceux de Rome, c'est qu'on voit les premiers, ainsi que les nôtres, dévorés de jalousie, tourmentés d'un ver rongeur, se faisant une éternelle guerre; au lieu que les grands auteurs Latins n'ont jamais eu leur gloire obscurcie par cette tache. A peine connoissoient-ils ce levain qui se met dans la littérature, qui corrompt tout, aigrit tout, divise tout. Gallus, Pollion, Horace, Virgile étoient amis. Pline le jeune &

Tacite n'avoient qu'un cœur. Tous ces beaux génies vivoient dans la douceur d'un commerce libre & philosophique ; ils s'entr'aidoient à porter le fardeau de la vie, à se consoler des sottises humaines, à conserver sur la terre cette raison saine, ce feu pur & céleste, le partage de quelques ames privilégiées. Si leurs beaux jours étoient troublés, ce n'étoit que par le souffle infect de tout ce que leur siècle avoit de plus odieux & de plus méprisable. Virgile, le plus doux, le plus modeste des hommes, ne put échapper aux traits de l'envie.

Ce poëte étoit du village d'Andès, à une lieue de Mantoue. Il vint au monde l'an 684 de la fondation de Rome, sous le premier consulat de Pompée & de Crassus. Les ides d'octobre, qui étoient le 15 de ce mois, devinrent fameuses par sa naissance (*). Virgile est peut-être le seul poëte qui ne se soit point égaré dans une trop bonne opinion de ses talens. Sa modestie dégénéroit en timidité. Sa gloire l'embarrassoit en bien des

---

(*) *Octobris Maro consecravit idus.*

MARTIAL.

occasions. Quand la multitude accouroit pour le voir, il se déroboit en rougissant : il négligeoit ses habillemens & sa personne. Mais cette simplicité même, qui va si bien avec le génie, & par laquelle les grands hommes adoucissent l'envie, ne faisoit qu'augmenter la vénération où il étoit à Rome. Il paroît un jour au théâtre, comme on venoit d'y réciter quelques-uns de ses vers : tout le monde alors se lève avec des acclamations redoublées, honneur qu'on ne rendoit qu'à César.

Croiroit-on, après cela, qu'adoré dans la capitale du monde par tous les gens de goût, il dût s'y voir insulté par un tas d'écrivains misérables ? Croiroit-on qu'ils aient voulu arracher les lauriers de la tête de Virgile pour en orner la leur ? que ces pygmées se fussent ligués pour terrasser Hercule ? Ils sembloient tous avoir le mot, afin de tâcher de lui nuire, & de faire le malheur de sa vie. Mais les plus ardens étoient Bavius & Mœvius, deux écrivains moins décriés encore par la platitude & l'ennui de leurs ouvrages, que par les travers de leur esprit & la malignité de leur cœur.

Le premier chagrin qu'ils lui donnèrent, fut en attaquant sa naissance. Ils publièrent qu'il étoit fils d'un homme au service d'un magicien vagabond, ou celui d'une espèce de maquignon. Ils prétendirent qu'il avoit été maquignon lui-même, aussi bien que devin. Les raisons qu'ils apportèrent en confirmation de leurs sentimens, ont répandu, à la vérité, quelques nuages sur sa naissance. Son père s'appelloit Maron : on n'en sçait pas davantage. Il n'est illustre que par son fils.

Les mœurs de Virgile furent encore moins respectées que sa naissance. On lui prêta des goûts infâmes, ainsi qu'à Socrate, à Platon, à Muret, à Desfontaine, &c. &c. On veut que, sous le nom d'Alexis, il ait désigné deux objets de sa passion effrénée. La plus grande grace qu'on fasse à Virgile, est de lui accorder une maîtresse appellée *Plotia*, avec laquelle, dit-on, il vêcut long-temps. Encore cette grace est-elle bien hasardée. Il est certain que, s'il ne connut jamais les excès de la table, il eut à se reprocher bien des choses par rapport à ses amours.

Ses ouvrages eurent le fort de bien d'autres. Ils furent parodiés. Un de ces vils Zoïles se chargea de travestir les églogues, l'autre les géorgiques, un troisième l'énéide. On dégrada les morceaux les plus vantés de ces trois chefs-d'œuvre. Il reste encore des monumens de cette indigne vengeance (*).

On ne fit grace à Virgile d'aucune mauvaise plaisanterie. On voulut jetter du ridicule sur toutes ses beautés; prouver qu'il n'avoit réussi dans aucun genre : Qu'il avoit manqué le pastoral dans ses bucoliques, ouvrage admirable par les graces simples & naturelles, par l'élégance & la délicatesse, par cette pureté de langage qui le caractérisent ; le didactique dans ses géorgiques, poëme le plus travaillé de tous

───────────────

(*) Au premier vers de la première églogue, on substitua celui-ci :

Tityre, si toga calda tibi est, quo tegmine fagi?

La troisième églogue fut aussi maltraitée :

Dic mihi, Damœta, cujum pecus ? Anne Latinum ?
Non, verum Ægonis : nostri sic rure loquuntur.

A ce commencement de vers des géorgiques, Nudus ara sere nudus, on ajouta habebis frigora, febrem.

ceux qu'il nous a laissés, & qu'on peut appeller le triomphe de la poësie Latine; l'épique dans son énéide, chef-d'œuvre de l'esprit humain, qu'Auguste ne pouvoit se lasser de lire, & la tendre Octavie de récompenser, jusqu'à faire compter à l'auteur dix grands sesterces pour chaque vers, ce qui montoit à la somme de 325000 livres. Mais les parodistes ne couvrirent qu'eux-mêmes de ridicule. Virgile, d'un seul trait, les peignit (*) :

Si Bavius te plaît, aime aussi Mœvius.

C'est la plus grande méchanceté qu'il se soit permise. Il étoit d'ailleurs fort réservé. Un certain Filistus, bel esprit de cour, prenoit plaisir à l'agacer continuellement dans la conversation, à lui faire venir la rougeur au visage, à le railler jusqu'en présence d'Auguste. « Vous êtes muet, lui dit-il un jour ; &, quand vous auriez une langue, vous ne vous défendriez pas mieux ». Virgile, piqué, se contenta de répondre : « Mes ouvrages parlent pour moi ». Auguste

_____
(*) *Qui Bavium non odit, amet tua carmina, Mœvi.*

applaudit à la repartie, & dit à Filiftus : « Si vous connoissiez l'avantage » du silence, vous le garderiez tou- » jours «. Cornificius, autre insecte odieux, déchiroit Virgile. On en avertit le poëte, qui répondit simplement : » Cornificius m'étonne. Je ne l'ai ja- » mais offensé ; je ne le hais point. » Mais il faut que l'artiste porte en- » vie à l'artiste, & le poëte au poëte. » Je ne me venge de mes ennemis, » qu'en m'éclairant par leur critique«.

Un de ceux dont il fut le moins blessé, c'est Bathille. S'il s'appropria des vers de Virgile, sa ruse étoit au fond un hommage qu'il rendoit au poëte. Rien n'est plus fameux que cette supercherie. Virgile avoit attaché de nuit, à la porte du palais d'Auguste, ce distique (*) où il le fait égal à Jupiter.

Quel éloge flatteur pour un prince ! Auguste voulut en connoître l'auteur ; personne ne se déclara. Bathille, profitant de ce silence, se fait honneur du distique. Les présens & les graces de la cour fondent sur lui. Le dépit de

───────────────────────
(*) *Nocte pluit totâ ; redeunt spectacula mane :*
  Divisum imperium cum Jove Cæsar habet.

Virgile lui suggère une idée heureuse; c'est de mettre au bas du distique ce commencement de vers, *Sic vos non vobis*, répété quatre fois. L'empereur demande qu'on en achève le sens: mais personne, excepté Virgile, ne le peut faire. Il s'en acquitta de cette sorte (*):

C'est moi qui fis ces vers; un autre en a la gloire.
    Mon triste sort est votre histoire:
Oiseaux! vos chers petits s'élèvent-ils pour vous?
Brebis! votre toison, la portez-vous pour vous?
Abeilles! votre miel, le faites-vous pour vous?
Bœufs courbés sous le joug, labourez-vous pour vous?

Le véritable auteur du distique ayant été par-là découvert, Bathille devint la fable de Rome. A l'égard de Virgile, il fut au comble de la gloire: mais l'envie le poursuivit à proportion des honneurs qu'il s'attiroit. Elle eut bien voulu faire passer à la postérité la prose de cet illustre écrivain, pour prouver à tous les siècles

---

(*) *Hos ego versiculos feci; tulit alter honores.*
    Sic vos non vobis, nidificatis aves.
    Sic vos non vobis, vellera fertis oves.
    Sic vos non vobis, mellificatis apes.
    Sic vos non vobis, fertis aratra boves.

qu'il n'a pas mieux réussi hors de son genre, que Cicéron hors du sien. Mais le poëte a par-dessus l'orateur le mérite d'avoir sçu connoître sa portée. Du moins ne nous reste-t-il pas de mauvaise prose de Virgile, de laquelle ses ennemis aient pu se prévaloir ; au lieu que nous avons de Cicéron des vers qui font honte à sa mémoire. Je ne sçais sur quoi se fondent tous nos Quintiliens modernes, lorsqu'ils répètent que, pour bien écrire en prose, il faut auparavant s'être exercé long-temps à faire des vers. Outre l'exemple de Virgile, celui de Corneille, de Racine, de Despréaux, & généralement de tous nos grands poëtes, ne dément-il point cette maxime ? Ont-ils été les mêmes, lorsqu'ils ont voulu se réduire au mérite de prosateurs ? Il n'est qu'un seul homme dont la prose égale au moins ses vers, l'auteur de la Henriade & du Siècle de Louis XIV.

Virgile ne vécut que cinquante-deux ans. Il avoit toujours été d'une santé foible & chancelante, sujet aux maux d'estomac & de tête, aux crachemens de sang. On remarque qu'il étoit d'une belle figure. Il mourut à Brindes, comme il alloit en Grèce pour mettre dans la retraite la dernière main à son énéide qu'il avoit été onze ans à composer, & dont il étoit si peu satisfait, qu'il ordonna, par son testament, que l'on brûlât son poëme. Mais on se garda bien d'exécuter un pareil ordre, d'anéantir un ouvrage qui, malgré ses défauts, est un des plus beaux monumens que nous ayons de l'antiquité. Les vers que fit Auguste sur les dernières volontés de Virgile, caractérisent bien le génie de ce prince (*):

Une voix inhumaine, en un fatal moment,
A donc pu commander l'attentat le plus grand!
La muse de Maron ira donc dans les flammes!
. . . .
Mais il faut respecter les ordres d'un mourant.
Que tu m'approuves, Rome, ou bien que tu me blâmes,
J'obéis en aveugle, & remplis mon serment.
Mais non, je ne dois point suivre des loix pareilles.
Quoi ! détruire en un jour le fruit de tant de veilles !

(*) *Ergòne supremis potuit vox improba verbis*
Tam dirum mandare nefas ! Ergò ibit in ignes
Magnaque doctiloqui morietur musa Maronis ?
. . . .
Sed legum servanda fides : suprema voluntas
Quod mandat, fierique jubet, parere necesse est.
Frangatur potiùs legum veneranda potestas,
Quàm tot congestos noctesque diesque labores
Hauserit una dies.

Le testament de Virgile ne fut exécuté qu'en un point. Il avoit defiré qu'on laiffât fon poëme tel qu'il étoit, au cas qu'on le fauvât des flammes; & l'on eut cette attention. Delà vient qu'on trouve tant de vers imparfaits dans l'énéide. L'auteur de cet ouvrage unique mourut affez riche pour laiffer des fommes confidérables à Tucca, à Varius, à Mécène, à l'empereur même. Son corps fut porté près de Naples; & l'on mit fur fon tombeau des vers (*) qu'il avoit faits en mourant:

> Parmi les Mantouans je reçus la naiffance;
> Je mourus chez les Calabrois;
> Parthénope me tient encor fous fa puiffance.
> J'ai chanté les héros, les bergers & les bois.

(*) *Manthua me genuit, Calabri rapuére, tenet nunc Parthenope. Cecini pafcua, rura, duces.*

HORACE,

ET

les mauvais écrivains du siècle d'Auguste.

Cet illustre contemporain de Virgile naquit d'un simple affranchi, à Venuse dans la Pouille. Ce père, que son fils a tant célébré, chéri, respecté, prit un soin extrême de son éducation. Les talens naturels d'Horace, ainsi secondés, percèrent de bonne heure. Il se fit connoître à Rome, dans cet âge heureux des plaisirs, de l'audace & de la fortune. Virgile l'introduisit à la cour d'Auguste. Il s'attira les regards, les bienfaits & l'amitié de Mécène. Ce protecteur déclaré des gens de lettres se faisoit honneur d'être leur ami. Et, quelle liaison en effet plus capable d'honorer un ministre, que celle des hommes qui donnent l'immortalité !

On ne peut rien imaginer de plus parfait qu'Horace, dans les genres qu'il a choisis. C'est le poëte de la raison, des graces & de la volupté; fier & sublime, lorsqu'il célèbre les dieux & les héros; intéressant & tendre, lorsqu'il soupire pour sa maîtresse. Si, dans les satyres & dans les épitres, il se dépouille de tout l'éclat & de toute la douceur de l'harmonie poëtique, s'il descend au ton humble de la prose, ce n'est que pour charmer davantage, par cette finesse d'expression, cette excellente plaisanterie Attique qu'ont imitée Marot & la Fontaine. S'il dicte des règles de poësie, on voit que personne n'est plus en droit que lui d'en donner, qu'il joint le précepte à l'exemple.

Ayant laissé si loin derrière lui ses rivaux, est-il étonnant qu'il ait encouru leur indignation? Arrêtés par le poids continuel de leur foiblesse, incapables de s'élever, ils ne pouvoient atteindre jusqu'à lui que par leurs cris injurieux. Ce qui redoubloit la rage de ces Zoïles désespérés, ce sont les injures & les sarcasmes dont il les accabloit. Souvent, dans un seul vers, dans un seul mot, il les rendoit la risée publique. Sans cesse ils répétoient qu'on eût à se garer de lui (*) :

> Fuyez ce frénétique.
> Dans ses brocards aucun n'est ménagé.
> C'est un serpent, un diable, un enragé
> Que rien n'appaise, & qui, dans ses blasphêmes,
> Déchire tout, jusqu'à ses amis mêmes.
>
> ROUSSEAU.

Dans cette troupe irritée & grotesque de petits poëtes envieux qui sonnoient le tocsin au bas du Parnasse, on remarquoit Pantilius, surnommé la Punaise à cause de la platitude de ses vers, Démétrius le médisant, Tannius le parasite, Tigellius l'insensé. Plus ils faisoient d'efforts pour repousser les traits de la satyre, plus elle les en accabloit. Ils ne présentoient leur bouclier qu'à faux. La terreur même faisoit tomber la plume de la main de quelques-uns. Mais d'où vient cette ardeur nouvelle ? Leur coryphée Crispin, saisi d'un transport belliqueux, vient publiquement défier leur ennemi commun. Qu'on nous donne,

---

(*) *Fænum habet in cornu ; longè fuge. Dummodò risum*
  Excutiat sibi, non hic cuiquam parcet amico.

s'écrie-t-il, une chambre, des tablettes, une heure & des témoins ; & voyons qui de nous deux, d'Horace ou de moi, fera plus d'ouvrage. On fçait avec quel fel cette bravade eſt rendue dans l'auteur fatyrique. Toutes les démarches, tous les libèles, toute les chanfons de fes ennemis, tournoient contr'eux, & ne fervoient qu'à fournir à fa caufticité, à donner du reffort à fon imagination. Il amufoit à leurs dépens la ville & la cour. Auguſte, Mécène, Agrippa, ne défapprouvoient point ce genre d'efcrime. Les grands poëtes, tels que Valgius, Pollion & Virgile, applaudiſſoient à la vengeance que leur ami tiroit de l'envie forcenée.

Et quels font encore les crimes par lefquels il avoit excité contre lui tant de haine, foulevé tous les Crifpins ? Que reprochoient-ils à Horace ? D'être né d'un affranchi, le meilleur des pères, le feul qu'il eût pris, s'il avoit pu s'en choifir un ; d'éviter la fociété de fes confrères les auteurs, fe réduifant à celle de quelques amis intimes & choifis, placés à la tête du gouvernement & de la littérature ; d'avoir pris la fuite à la bataille de Philippe, jetté son bouclier, & protesté qu'il ne remanieroit plus les armes; d'avoir été tribun militaire sans en avoir le mérite; de s'etre emparé de la confiance de Mécène; de comparer son devancier Lucile à un fleuve qui roule quelques grains précieux d'or parmi beaucoup de boue; enfin de ne se refuser à aucune raillerie sanglante, & de nommer chacun par son nom. Horace mérite bien moins ce dernier reproche que Lucile regardé comme l'inventeur de la satyre chez les Romains, lui qui, dans les débordemens de sa bile, appelloit ceux qui l'irritoient, voleurs, adultères, assassins, & nommoit toujours les personnages. Quoique plus réservé, Horace n'est pas à l'abri de tout reproche à cet égard. Qu'importe à sa gloire le nom de quelques malheureux qu'il ridiculisoit & poignardoit? Il eut mieux fait de s'en tenir toujours aux tableaux vrais & touchans qu'il trace de la vertu, de la justice, de la fidélité, de la modération. Combien ses épitres sont-elles supérieures à ses satyres!

Cet enfant chéri d'Apollon, cet

écrivain à la fois misanthrope, courtisan, épicurien & philosophe, mourut à l'âge de cinquante-sept ans. La France lui doit autant que Rome. Sans lui, peut-être n'aurions-nous jamais eu Despréaux.

L'EMPEREUR NERON,

ET

les trois plus grands poëtes de son siècle,
LUCAIN, PERSE & JUVÉNAL.

COMMENT arrive-t-il que des princes, décriés par leur barbarie, soient touchés de l'amour des lettres ? Il est plus d'un exemple de cette contradiction du cœur humain. Je ne compte point Denys le tyran, que le démon des vers posséda toute sa vie ; qui briguoit d'en remporter le prix dans les jeux olympiques ; & chargeoit des lecteurs d'une poitrine forte & d'une voix admirable, d'y faire valoir ses poësies ; qui avoit dans son palais l'élite des gens de lettres comme autant de flatteurs à gages, employés à se récrier sur ses poëmes, à lui prostituer l'encens & des hommages ; qui ne trouva la vérité que dans la bouche d'un Philoxène, cet homme toujours le même malgré la crainte des supplices & la peine des carrières où il fut condamné. Je parle d'un tyran plus tyran encore que Denys, & plus amateur des vers & de la musique. Néron prétendoit avoir sur le Parnasse le même rang qu'il occupoit dans l'empire. Il vouloit qu'on le crût le plus grand poëte de son siècle. Personne n'a poussé plus loin la métromanie.

Quel est le genre dans lequel ne s'est point exercé cet empereur poëte ? Il aima surtout la tragédie & le poëme héroïque. A peine avoit-il fait quelques vers, qu'il les lisoit en public, & demandoit qu'on le couronnât. Malheur à quiconque entroit en lice avec lui, ou qui ne sçavoit point ménager l'amour-propre de ce tyran ! Lucain l'éprouva tout le premier.

Ce poëte naquit à Cordoue en Espagne, l'an 39 de Jésus-Christ. Sa *Pharsale*, ou *la guerre de César & de Pompée*, l'a immortalisé. Il avoit le génie grand, élevé, mais peu juste.

Il abonde en pensées plus brillantes que solides. Son stile est toujours empoulé, & se sent du génie de sa nation. Pour rendre cet auteur, il ne falloit rien moins que l'imagination vive & fougueuse d'un Brébeuf. Lucain avoit composé un poëme d'Orphée, dans le dessein de remporter le prix de poësie : mais Néron avoit la même prétention, & se hâta de lui faire défense de prononcer aucun nouveau poëme. Il en avoit fait un lui-même sur le sujet de Niobé, qu'il étoit impatient de rendre public. Lucain, ne voulant pas avoir inutilement travaillé, préférant sa gloire littéraire à tout, ne tient aucun compte de la défense : il récite son poëme ; on en reçoit les vers avec acclamation. L'auteur est couronné sur le théâtre de Pompée. Un succès si brillant indigne Néron, & dès-lors il médite de se défaire d'un rival redoutable. Mais il falloit un autre prétexte pour éclater. En attendant, il se contente de mortifier Lucain dans toutes les occasions.

Celui-ci, piqué d'une persécution injuste, craignant qu'elle n'augmentât, & qu'il n'y succombât enfin, crut ne pouvoir mieux faire que de prendre un parti violent. Il entra dans la conspiration de Pison contre l'empereur. C'en fut assez pour être précipité dans l'abysme qu'il s'étoit creusé lui-même. Au premier soupçon qu'on eut de cette conjuration, on arrêta Lucain. Ses ennemis prétendent que, pour échapper au supplice, il chargea sa mère, & rejetta sur elle tous les complots. Comment concilier cette horreur avec les sentimens élevés dont ses ouvrages sont remplis ? Mais cette action infâme ne le sauva point. Rien ne put fléchir Néron en sa faveur, ni lui faire oublier un vers (*) d'autant plus offensant pour ce prince, qu'il étoit louche, & qu'il avoit le regard affreux. Toute la grace que lui fit le tyran, fut de lui sauver l'infamie du supplice, en lui donnant le choix du genre de mort. C'est ce que porte une inscription (**) qu'on lit encore à Rome dans l'église de saint Paul. Lucain

_____

(*) *Unde tamen spectes obliquo lumine Romam.*

(**) *Marco-Annæo Lucano Cordubensi poetæ, beneficio Neronis, fama servata.*

se fit ouvrir les veines dans un bain chaud.

L'exemple frappant des effets de la jalousie de Néron ne contint pas les autres poëtes. Ils ne voulurent point lui céder la préséance en fait de talent. Ils cherchèrent à venger la mort de leur illustre confrère. On accabla Néron d'une grêle de traits. Entre autres vers (*) satyriques, on répandit ceux-ci dans Rome.

> On ne peut douter que Néron
> Ne soit du sang d'Enée un digne rejetton.
> L'un enleva sa mère,
> L'autre enleva son père.

Perse sur-tout, entraîné par sa colère & par l'impulsion de son génie, exhala des torrens de bile. Avec quelle force & quelle vivacité il peint la cour de Néron ! Quel ridicule il jette sur ce prince ; sur son affectation à composer des vers emmiellés, doucereux, cadencés & chargés d'épithètes ; des vers forcés, ignobles & ridicules, sans génie, sans chaleur &

(*) *Quis neget Æneæ magnâ de stirpe Neronem?*
Sustulit hic matrem, sustulit ille patrem.

sans force, & qui n'avoient que de l'enflure & de l'harmonie, tels que les suivans (*) :

> On entend bourdonner les cornes tortueuses.
> Bacchantes, je vous vois errantes, furieuses.
> Pour arracher la tête au veau présomptueux,
> Et rendre le lynx souple à des rênes de lierre,
> Vous célébrez Bacchus, son audace guerrière;
> L'Echo rend & répète au loin vos cris affreux.

Perse inséra par dérision ce morceau dans ses satyres. Les Romains, excédés du fréquent récit des poësies de leur prince, le reconnoissoient aisément à ces vers, de même qu'à cet autre, cité par Sénéque, dans le premier livre de ses questions naturelles (**) :

> On voit briller le cou de l'oiseau de Cythère.

Ne pourroit-on pas reprocher à quelques-uns de nos poëtes une pareille affectation ? Ils ont voulu, ainsi

―――――――――――――――

(*) *Torva mimalloneis implêrunt cornua bombis;*
Et raptum vitulo caput ablaturæ superbo
Bassaris, & lyncen Mænas flexura corymbis,
Evion ingeminat : reparabilis adsonat Echo.

(**) *Colla Cytheriacæ splendent agitata columbæ.*

Tome I. D

que tous les romanciers, qu'il y eût des ʒ dans tous les noms de leurs héros & de leurs héroïnes.

Perse ose comparer Néron au roi Midas : *Auriculas asini Mida rex habet.*

<small>Le roi Midas a des oreilles d'âne.</small>

C'étoit irriter un tigre. Le philosophe Cornutus, précepteur du poëte, sentit le danger, & lui fit mettre *quis non habet ?* C'est le même à qui Perse laissa sa bibliothèque & vingt-cinq mille écus : mais le philosophe se contenta des livres, & renvoya l'argent aux sœurs du poëte. Sur quoi le père Tarteron s'écrie : ›› Combien, aujour-
›› d'hui de philosophes auroient tout
›› retenu ! ‹‹

Les délateurs de Néron ne manquoient pas de l'instruire de ce qui se passoit dans Rome. Il n'ignora rien de ce déluge d'écrits répandus contre sa personne. La terreur étoit sur le Parnasse ; chacun y craignoit pour sa vie. Il sembloit qu'on dût y voir renouveller les proscriptions sanglantes des guerres civiles de Rome. Mais Néron prit sur lui de dissimuler. Ce monstre, qui souhaitoit que le genre humain n'eût qu'une tête, pour avoir le plaisir de la couper, n'osa faire subir à Perse le sort de Lucain. Loin même, au rapport de Suétone, de rechercher l'origine des libèles distribués contre lui, il empêcha qu'on ne punît ceux qu'on soupçonnoit d'en être les auteurs. C'est qu'il imaginoit ramener plus aisément tous les poëtes par ce trait de modération, & s'en faire déclarer le chef.

Perse mourut à l'âge de trente ans: il étoit né à Volterre en Toscane. Autant ses satyres respirent le fiel & la haine, autant il étoit doux, enjoué, liant dans la société. Quoique libre dans la peinture qu'il fait des vices, il avoit des mœurs austères. On le trouve dur, inintelligible: mais est-ce sa faute, si nous ne l'entendons pas? Ecrivoit-il pour nous? Il est moins obscur que serré. Plusieurs de ses traits sont uniques. Ses contemporains en sentoient tout le prix, eux qui en avoient la clef, & qui ne perdoient rien de la finesse des applications.

Outre Lucain & Perse, Juvénal s'éleva dans la suite contre le tyran prétendu bel-esprit. On connoît la passion de Néron pour les spectacles; il montoit lui-même sur le théâtre, y représentoit en habit d'actrice, n'avoit d'affection que pour les comédiens, & sur-tout pour un nommé Paris. Cet acteur disposoit, à la cour, de presque tous les emplois. Ses amis, ses parens, beaucoup de personnes de la lie du peuple, s'étoient avancés par son canal, & remplissoient les places les plus importantes. Cette multitude de gens parvenus excita la bile de Juvénal; il se sentit emporté par les fougues de son caractère. Il fit des vers contre le comédien Paris. Comme Néron n'étoit plus, cette sortie contre lui & contre son gouvernement n'eut aucune suite. La faveur de Paris se soutint jusqu'au règne de Domitien. Le poëte, enhardi par l'impunité, déclama, écrivit encore, & toujours contre les comédiens dont le crédit & les airs de hauteur révoltoient la noblesse Romaine (*):

Un histrion pourra ce que n'ont pu les grands !
Vous mettrez-vous encore au rang de leurs cliens?
Les honneurs sont vendus: on ne monte à leur faîte,
Qu'autant qu'on est acteur, ou qu'on se dit poëte.

___

(*) *Quod non dant proceres dabit histrio : tu Camerinos*

D'autres vers mordans causèrent fon exil. A l'âge de quatre-vingt ans, il fut envoyé, par Domitien, dans le Pentapole, fur les frontières d'Egypte & de Lybie. On prétexta qu'on y avoit befoin de lui, pour commander la cavalerie. Notre poëte octogénaire & guerrier eut beaucoup à fouffrir des fatigues inféparables de l'emploi dont on l'avoit revêtu par dérifion : mais il furvêcut à fon perfécuteur. Il revint à Rome, auffitôt après la mort de Domitien. Ce poëte y vivoit encore fous Nerva & fous Trajan. Si la force & la nouveauté des penfées, l'énergie & l'âpreté du ftile, font l'écrivain fatyrique, perfonne ne l'eft plus que lui. Mais il n'entend point, comme Horace, la raillerie fine & délicate. On reproche à Juvénal d'être déclamateur, & du combattre le vice de manière à faire rougir la vertu.

Néron fit encore le tourment de quelques autres poëtes, mais peu connus. Quand il n'auroit point eu le cœur d'un monftre, fa métromanie feule

---

Et Bareas, tu nobilium magna atria curas ?
Præfectos Pelopea facit, Philomela tribunos.

pouvoit être un fléau pour ses peuples. On n'a que faire d'un roi poëte. Le titre de bel-esprit & d'auteur s'allie mal d'ordinaire avec les occupations du trône. Jacques I, roi d'Angleterre, surnommé *le Pédant*, fut méprisé de ses sujets. Il n'a été donné qu'à un seul prince d'écrire aussi bien qu'il gouverne, de mêler les lauriers de Mars à ceux d'Apollon.

ABAILARD,
ET
SAINT BERNARD.

CE sont presque les premiers beaux génies que la France ait produits. Ils ont commencé tous deux à décider le caractère des écrivains de la nation. La délicatesse & la vérité de leurs pensées, l'enchantement de leur stile, la profondeur & la variété de leurs connoissances, cette attention continuelle à tourner l'érudition en agrément, tout en eux annonce l'aurore du bel esprit François. Mais, quoique supérieurs à leur siècle, ils ne laissoient pas d'y tenir encore par un grand amour de la dialectique, des subtilités & de toutes les disputes de l'école.

Pierre Abailard naquit en Bretagne, l'an 1079, d'une famille noble. Son père s'appelloit Berenger. Abailard voyagea beaucoup, étant jeune, dans l'idée de s'instruire & de disputer ; car l'envie de se faire une réputation, & d'embarrasser par ses raisonnemens les meilleurs dialecticiens de l'Europe, étoit sa passion dominante. Il eut tout lieu de la satisfaire à Paris. Les plus célèbres professeurs de philosophie ne purent y soutenir ses assauts continuels. Leurs écoles devinrent désertes ; & bientôt eux-mêmes lui cédèrent leurs places & leurs droits. On ne parloit que d'Abailard. Il joignoit à la réputation de sçavant & d'athlète invincible pour l'ergotisme, celle d'homme aimable. Il avoit des talens ; il faisoit des vers, & chantoit très-bien. Enfin, c'étoit l'auteur à la mode, également au gré des hommes & des femmes.

Saint Bernard vivoit du même tems. Il aimoit la gloire & la célébrité autant que personne. Il étoit en possession de donner le ton à son siècle. On ignore ce qu'il possédoit le mieux, de la théologie, de la prédication, ou des affaires. On n'en traitoit aucune importante dont il ne se mêlât. Peuples, rois & papes le consultoient avec vénération ; &, quoique simple abbé de Clairvaux, il gouvernoit l'église & l'état. Un homme de ce caractère n'aime point à voir sa considération partagée. Il devint jaloux d'Abailard. Pour mettre aux prises ces deux rares génies, il ne falloit qu'une occasion; elle s'offrit bientôt.

Un moine bénédictin, scandalisé des ouvrages d'Abailard, y trouvant des choses hardies, & les croyant erronées, en donne avis à saint Bernard par une lettre conçue en ces termes : » Pierre Abailard enseigne, écrit des » nouveautés. Ses livres passent les » mers & traversent les Alpes. Ses » dogmes se répandent dans les pro- » vinces. On les publie partout, & » partout on en prend hautement la » défense. Je vous le dis ; rien n'est » si dangereux que de vous taire. «

La lettre étoit accompagnée d'un

extrait, contenant la doctrine d'Abailard. Parmi les propositions qu'on anathématisoit dans ses ouvrages, on remarquoit celles-ci : *Il faut examiner avant que de croire..... Nous ne tirons point d'Adam la coulpe du péché, mais seulement la peine..... Il n'y a de péché que dans le consentement au péché..... On ne commet aucun péché par la concupiscence, la délectation, ni l'ignorance: ce ne sont que des dispositions naturelles.*

Quelque envie secrette qu'eut saint Bernard de mortifier le seul homme qui pût disputer avec lui d'esprit & d'érudition, il jugea plus convenable de montrer de la modération & de la douceur. Il répondit au moine bénédictin, » Ne précipitons rien : la chose
» dont vous me parlez est de gran-
» de conséquence. Prenons du temps
» pour nous assembler quelque part,
» & peser tout mûrement. « Il voulut en même-temps avoir une entrevue avec Abailard. Elle se passa très-bien. Les procédés de Bernard lui firent honneur, quoiqu'on vît quelle en étoit la raison, & qu'il cherchoit à mettre son antagoniste dans son tort.

Des motifs respectables influèrent toujours sur les démarches de cet homme apostolique. Son zèle le mena quelquefois trop loin : mais il en racheta les fougues & l'imprudence par des actions du meilleur des citoyens. S'il fut cause de la mort de tant de milliers de gens qui se croisèrent sur la foi de ses prophéties, on lui doit aussi la gloire d'avoir sauvé la vie à une multitude innombrable de juifs innocens, qu'un moine, nommé *Raoul*, vouloit faire exterminer.

Cependant Abailard, averti du scandale causé par ses ouvrages, avoit promis de se rétracter : mais il ne crut pas devoir le faire. Ce qu'alloit penser & dire le public, l'effraya bientôt. Il regarda cette rétractation comme la marque d'une foiblesse, comme une atteinte à sa gloire littéraire. Ses amis le confirmèrent dans la résolution de soutenir tout ce qu'il avoit avancé. Il le fit donc, & par écrit, & de vive voix.

Dès ce moment, l'abbé de Clairvaux se crut dispensé de garder aucun ménagement. Il se flatta d'avoir gagné la supériorité sur un homme qui lui faisoit ombrage. Il prit avec lui le ton de maître. Il invectiva contre les écrits & contre la personne d'Abailard. Celui-ci le sçut, & voulut en avoir raison.

On étoit à la veille de tenir un concile à Sens. Abailard jugea ce concile une occasion très-favorable de se faire connoître, & d'abbaisser son adversaire. Dans cette idée, il alla trouver l'archevêque de Sens, lui fit des plaintes de l'abbé de Clairvaux, & demanda qu'on l'admît à justifier sa doctrine en plein concile. En même-temps, il pria l'archevêque d'engager saint Bernard à s'y trouver, à ne pas refuser une dispute réglée sur les points qui faisoient l'objet de leur contestation. Les apparences de la victoire étoient pour Abailard. Il possédoit au plus haut dégré l'esprit de dialectique. Il avoit l'expérience de ces sortes de combats. Crainte de trahir les intérêts du ciel, ou, selon ses ennemis, crainte de compromettre sa réputation, Bernard refusa d'abord le défi, & ne l'accepta que sur les instances réitérées de ses amis, qui le crurent perdu d'honneur, s'il manquoit de courage en cette occasion.

Le jour du concile arrivé (c'étoit le 2 de juin 1140) un grand nombre de prélats s'y rendit. Toute la cour de France y étoit, à commencer par le roi Louis VII, Guillaume comte de Nevers, & Thibaud comte de Champagne. La curiosité de voir les deux hommes les plus célèbres de leur siècle en venir aux mains, étoit extrême. Il règnoit un silence profond dans l'assemblée.

L'abbé de Clairvaux y dénonça l'ouvrage qui l'avoit si fort révolté. Les propositions les plus hardies en furent extraites. Il pressa l'auteur de les nier, ou de se rétracter. Abailard ne fit ni l'un ni l'autre : il sortit brusquement du concile, en s'écriant qu'il en appelloit à Rome. C'est qu'il s'apperçut que les esprits n'étoient pas disposés en sa faveur. Son antagoniste avoit eu soin d'écrire aux pères du concile, & de les gagner.

La fuite d'Abailard fut jugée une défaite. Ses ennemis en triomphèrent : mais l'appel au pape étoit embarrassant. Les évêques, par respect pour lui, ne décidèrent rien. Ils l'instruisirent de ce qui s'étoit passé, le prièrent d'ordonner lui-même du sort du novateur. Mais on remarquera que, pour le compte qu'on rendit à sa sainteté du concile de Sens, on employa la plume de Bernard; c'est-à-dire, qu'il fut, en quelque sorte, juge & partie.

L'abbé de Clairvaux remplit sa commission avec tout le zèle possible. Il écrivit au pape, aux cardinaux, aux évêques les plus accrédités à la cour de Rome. Il faut voir en quels termes il parle de l'objet de sa jalousie secrette. Ce n'est plus ce stile insinuant, onctueux, emmiellé, qu'il employoit afin de parvenir à ses fins : c'est le ton de la haine & de la satyre la plus amère ; c'est le langage de la fureur. Il appelle, dans ses lettres, Abailard, un horrible composé d'Arius, de Pélage & de Nestorius; » un moine sans » règle, un supérieur sans vigilance, » un abbé sans discipline, un homme » sans mœurs. « Les noms de *monstre*, de *nouvel Hérode*, d'*antechrist*, y sont répétés continuellement. L'article des femmes y est sur-tout exagéré. On y représente Abailard, occupé à leur plaire, méprisant toutes les bienséances, remplissant l'univers du bruit de ses amours. On faisoit allusion à sa passion malheureuse pour Héloïse.

Et quel temps choisit-on pour le décrier ? le temps où il devoit être à l'abri de toute médisance ; où il avoit souffert le dernier outrage pour un amant ; où le chanoine Fulbert avoit épuisé les rafinemens de sa vengeance ; où la tendre Héloïse, ce modèle des amantes, désespérée, & brûlant de plus de feux que jamais, avoit porté dans un cloître, avec tous les agrémens de sa jeunesse & de son esprit orné de mille connoissances, les charmes d'une figure adorable ; où ces amans n'avoient, contre leur fatale destinée, d'autre ressource que l'illusion, l'image de leur ivresse passée, le souvenir de ces transports dont ils étoient pénétrés, lorsque le prétexte de l'étude favorisoit l'intelligence du maître amoureux & de l'écolière passionnée (*).

―――――――――

(*) Quelle ame, quelle imagination ardente dans ce morceau d'une lettre d'Héloïse à son amant, à son époux Abailard ! *In tantum verò illa quas pariter exercuimus amantium voluptates dulces mihi fuerunt, ut nec displicere mihi, nec vix à memoriâ labi possint. Quocumque loco me vertam, semper se oculis meis cum suis ingerunt desideriis : nec etiam*

ET SAINT BERNARD.

L'auteur de la vie d'Abailard plaisante beaucoup sur ce reproche, que lui faisoit saint Bernard, d'aimer les

dormienti suis illusionibus parcunt. Inter ipsa missarum solemnia, ubi purior esse debet oratio, obscœnarum voluptatum phantasmata ita sibi penitùs miserrimam captivant animam, ut turpitudinibus illis magis quam orationi vocem. Quæ cum ingemiscere debeam de commissis, suspiro potiùs de amissis. Nec solùm quæ egimus, sed loca pariter & tempora in quibus hæc egimus, ita tecum nostro infixa sunt animo, ut in ipsis omnia tecum agam, nec dormiens etiam ab his quiescam: nonnunquàm & in ipso motu corporis animi mei cogitationes deprehenduntur, nec a verbis temperant improvisis.

> De nos amours passés, de notre vive ardeur
> La tendre impression règne encore dans mon cœur.
> Par tout je les retrouve & j'en vois quelque gage.
> L'espérance renaît, elle suit leur image.
> Loin de me rendre à moi, le silence des nuits,
> Dans mille illusions, vient plonger mes esprits.
> A la face d'un Dieu, dans ce temps de prière
> Où je devrois à lui me livrer toute entière,
> De si douces erreurs embrâsent tous mes sens;
> Dieu même est oublié, l'homme a tout mon encens.
> Loin que ma passion soit par moi détestée
> Vers de nouveaux desirs mon ame est emportée.
> Qui, plaisir, lieu, moment, tout est présent pour moi.
> Au milieu du sommeil, je t'entens, je te voi.
> Les discours, les transports que m'inspire ma flamme
> Décèlent trop souvent le trouble de mon ame.

Tome I.

femmes. Il rapporte un fait contesté, & sur lequel on a écrit pour & contre. Ce père de l'église eut peut-être mieux fait, dit-il, de tourner son zèle contre l'instituteur de Fontevraud, Robert d'Arbrissel, qui couchoit avec ses pénitentes pour avoir le mérite de leur résister, & qui scandalisoit les personnes qui ne vouloient pas croire à des genres de mortification aussi extraordinaires & aussi recherchés.

Abailard, jaloux de conserver une bonne réputation, d'empêcher que sa croyance ne devînt suspecte, mit alors le public au fait de ses véritables sentimens. Il fit courir une profession de foi. La manière dont il s'exprimoit paroissoit entièrement opposée aux opinions qu'on l'accusoit d'avoir. S'il en vint à cette démarche, s'il donna cette apologie de sa doctrine, sa chère Héloïse en fut la principale cause. Il voulut la rassurer ; des idées horribles se présentoient à l'esprit de cette amante. Elle croyoit voir Abailard dans le chemin de perdition, sur le bord de quelque abysme épouvantable. Il lui fit parvenir cet écrit au monastère du Paraclet. En le lisant, son ame s'ouvrit

gardés à vûe. Quel étoit donc le crime de l'oncle? celui d'avoir entre les mains un écrit, *qui n'étoit pas un contrat, mais un pur effet de la volonté du roi de Prusse, ne tirant à aucune conséquence*, (a) & un livre de poësies de ce même prince, qui, après en avoir fait tirer quelques exemplaires & les avoir distribués à différentes personnes, du nombre desquelles étoit M. de Voltaire, avoit ordonné qu'on brisât la planche. Le roi de Prusse réclamoit ces deux gages de ses premiers transports d'affection & d'estime. Le favori disgracié ne pouvoit les rendre, parce qu'ils étoient, avec ses autres papiers, à Hambourg ou à Paris. Il protesta qu'il les remettroit dès l'instant qu'ils seroient entre ses mains; consentant, s'il manquoit à sa parole, *d'être déclaré criminel de lèze-majesté envers le roi de France son maître & le roi de Prusse*. A l'égard du sujet de la détention de la nièce, on ne put pas même en imaginer un. Le procédé qu'on avoit eu pour elle étoit si extraordinaire, que le roi de Prusse se défendit de l'avoir fait arrêter, & ne

_____

(a) Déclaration de M. de Voltaire, donnée à Francfort.

Tome II.

tarda pas à procurer aux prisonniers leur délivrance.

Dans le temps de cette aventure fâcheuse, on donna au théâtre François *Alzire*, *Zaïre*, *Mérope* & les plus belles pièces du même auteur. Les comédiens intéressèrent le public en sa faveur. Devenu libre, il alla passer quelque temps à Manheim chez l'électeur Palatin. C'est de Mayence qu'il écrivit à sa nièce, retournée à Paris, cette fameuse lettre où il lui retrace l'horreur de la situation où ils ont été. ,, Je crois que c'est ,, un rêve: je crois que tout cela s'est ,, passé du temps de Syracuse, &c. &c. ".

On disoit faussement qu'il étoit Prussien. De-là cette exclamation: ,, Peut-,, on prétendre sérieusement que l'au-,, teur du *Siècle de Louis XIV* n'est pas ,, François? Oseroit-on dire cela de-,, vant les statues de Henri IV & de ,, Louis XIV, & j'ajouterai de Louis ,, XV; puisque je fus le seul acadé-,, micien qui fis son panégyrique, ,, quand il nous donna la paix ; & lui-,, même a ce panégyrique traduit en ,, six langues ". Il adresse ces paroles au roi de Prusse ,, : Il se souviendra ,, qu'il a été mon disciple, & que je ,, n'emporte rien d'auprès de lui que

Abailard, dégoûté du monde, des moines & de l'école, reste à Cluni, pour y vivre dans une solitude profonde. Mais cette paix de l'ame, cette paix si précieuse qu'il cherchoit, il ne la trouva point. Il comptoit sur sa philosophie, qui l'abandonna toujours. Il mourut de chagrin l'année 1142, dans la soixante-troisième année de son âge.

A peine eut-il fermé les yeux à la lumière, que le premier soin du zélé confident de tous ses secrets fut de ménager à la tendre Héloïse le coup qu'elle alloit ressentir. On lui manda cette triste nouvelle dans les termes les plus propres à soutenir une épouse désolée, & les plus honorables à la mémoire d'un tel époux. » Je ne me
» souviens point, disoit l'abbé de
» Cluni dans sa lettre, d'avoir vu
» son semblable en humilité, soit
» pour l'habit ou pour la contenance.
» Je l'obligeois à tenir le premier
» rang dans notre nombreuse com-
» munauté : mais il paroissoit le der-
» nier, par la pauvreté de ses véte-
» mens. Dans les processions, comme
» il marchoit devant moi, selon la
» coutume, j'admirois qu'un homme

» d'une auſſi grande réputation s'ab-
» baiſsât de la ſorte. Il obſervoit,
» dans ſa nourriture, la même ſimpli-
» cité que dans ſes habits ; & con-
» damnoit, par ſes diſcours & ſon
» exemple, non ſeulement le ſuper-
» flu, mais l'étroit néceſſaire. La prière
» & la lecture rempliſſoient tout ſon
» temps. Il gardoit un ſilence perpé-
» tuel, ſi ce n'eſt quand il étoit forcé
» de parler dans les conférences ou
» dans les ſermons qu'il faiſoit à la
» communauté. «

Héloïſe demanda les cendres d'A-
bailard, & les obtint. Elle fit enterrer
au Paraclet le corps de ſon époux,
immortaliſé par elle encore plus que
par les écrits qu'il a donnés. On grava
ſur ſa tombe cette épitaphe (*), de la
façon de Pierre le vénérable :

(*) *Petrus in hac petrâ latitat, quem mundus Homerum*
  Clamabat ; ſed jam ſydera ſydus habent.
Sol erat hic Gallis : ſed eum jam fata tulerunt.
  Ergò caret regio Gallia ſole ſuo.
Ille ſciens quidquid fuit ulli ſcibile, vicit
  Artifices, artes abſque docente docens.
Undecimæ maii Petrum rapuere kalendæ,
  Privantes logices atria rege ſuo.
Eſt ſatis : in tumulo Petrus jacet Abælardus,
  Cui ſoli patuit ſcibile quidquid erat.

Pierre est caché sous cette pierre.
Le monde, en lui, regrette Homère,
Les François, leur soleil : mais cet astre éclatant
Est parmi ceux du firmament.
Sans modèle & sans maître,
Il sçut tout ce qu'on peut sçavoir.
D'éclairer les humains il se fit un devoir.
Il fut tout ce qu'il voulut être.
Il passa de bien loin les artistes, les arts.
Ils pleurent tous sa destinée.
Il n'est plus. C'en est fait ; la nature est bornée.
L'univers ne verra jamais deux Abailards.

Saint Bernard ne fit que gagner à cette perte considérable pour la littérature. Sa gloire n'étant plus balancée, il en jetta plus d'éclat : mais il mourut lui-même quelques années après, dans la soixante-troisième année de son âge. Il mourut réputé le Thaumaturge de l'Occident, pour le nombre & le caractère de ses miracles ; un père de l'église, pour l'excellence de ses écrits ; un chef zélé de moines, pour le nombre & la magnificence des établissemens qu'il leur procura. Sa tombe fut encore honorée d'une épitaphe (*)

(*) *Claræ sunt valles ; sed claris vallibus abbas*
Clarior, his clarum nomen in orbe dedit.

dans le goût du temps. L'auteur y joue sur le mot de Clairvaux.

Ces vallons sont fameux ; mais plus fameux encore
Est l'immortel abbé dont le nom les honore.
Tout est illustre en lui, ses vertus, ses aïeux,
Ses ouvrages, sa mort, ses miracles nombreux,
Son rang parmi les saints dans le bonheur suprême,
Son esprit transporté de l'aspect de Dieu même.

Clarus avis, clarus meritis, & clarus honore;
Claruit ingenio, religione magis.
Mors est clara, cinis clarus, clarumque sepulchrum:
Clarior exultat spiritus ante Deum.

JEAN DE MEUN,

ET

les femmes de la cour de Philippe-le-Bel.

JEAN de *Meun*, ou *Clopinel*, fut ainsi nommé, parce qu'il étoit boiteux, & de la petite ville de Meun sur la Loire, à quatre lieues d'Orléans. Il joignit l'érudition au bel-esprit, & fit honneur à sa patrie. De-là, ce vers de Marot, dans un enthousiasme poétique :

De Jean de Meun s'enfle le cours de Loire.

On comparoit ce poëte au Dante. Quelques-uns même veulent qu'il l'emporte sur le poëte Italien, pour le choix des sentences & la beauté de la diction. Clopinel donna différentes preuves de ses talens : mais il n'est resté de lui que la continuation du roman de *la Rose*. La mort avoit empêché Guillaume de Lorris d'achever ce poëme, le seul ouvrage qu'on lût & qu'on goûtât avant François premier. Aussi l'amour fut-il l'Apollon de l'auteur. L'envie de plaire à sa maîtresse l'inspira comme Ovide, & le fit chanter d'après lui. Car le roman de *la Rose* n'est qu'une imitation de l'art d'aimer : mais une imitation libre, & telle qu'on y trouve souvent un génie original. Tout y respire une imagination vive & riante ; tout y prend une ame, une figure, une voix. Mille traits saillans sont répandus dans cet ouvrage d'invention & de féerie.

L'idée en est singulière. L'auteur s'imagine être dans un jardin orné des plus belles fleurs. Une rose, d'une couleur ravissante, frappe ses regards.

Il veut la cueillir : mais de grands obstacles s'opposent à ce qu'il desire. C'est un siège en forme qu'il est obligé de faire. Il traverse des fossés, escalade des murs, & force des châteaux. Les habitans de ce jardin enchanté sont, ou des divinités bienfaisantes, comme *Amour*, *Bel-accueil*, *Pitié*, *Franchise*; ou des divinités malignes, telles que *Faux-semblant*, *Danger*, *Male-bouche*, *Jalousie*. Elles paroissent les unes après les autres sur la scène, y parlent leur différent langage. Aucun obstacle ne rebute l'amant de la rose. Ses feux ne font que s'accroître des difficultés. Sa constance est enfin couronnée. Il triomphe, il obtient la possession de l'objet si desiré.

> Ainsi eus la rose vermeille :
> A tant fut jour, & je m'éveille.

C'est sur cette fiction qu'a travaillé Jean de Meun. Mais le continuateur, aussi bien que l'auteur du poëme, sortent très-souvent de leur sujet. Les digressions sans nombre, quoique toujours agréables, le font perdre de vue. L'ouvrage dégénère en une satyre vive des mœurs du temps. Elles y sont font représentées fans aucun voile, fans aucun ménagement pour perfonne. Il y dit des femmes :

>Toutes êtes, serez, ou fûtes, &c.

Les religieux y font auffi maltraités :

>Tel a robe religieufe ;
>Doncques il eft religieux.
>Cet argument eft vicieux,
>Et ne vaut une vieille gaine ;
>Car l'habit ne fait pas le moine.

Lorfque ce poëme, annoncé d'abord, lu enfuite dans plufieurs fociétés, & dont on avoit tiré des copies, eut vu le jour, le fcandale fut général en France : on y jetta des cris affreux contre cette plaifanterie. L'auteur n'ofoit fe montrer. Les moines, fi puiffans du temps de le Meun, cherchèrent à le perdre. Leurs prédicateurs l'anathématifoient dans toutes les chaires. Des avocats firent des forties contre lui dans leurs plaidoyers. La manière dont nous avons vu recevoir le poëme de *la Pucelle*, n'eft rien en comparaifon de celle dont fut accueilli le roman de *la Rose*.

Les femmes, fur-tout, avoient à fe

Tome I. E

plaindre. Celles de la cour de Philippe-le-Bel, qui fe piquoient de montrer de l'efprit & des talens, prirent la défenfe de leur fexe. Elles publièrent conjointement fon apologie. Cet ouvrage fut alors très-vanté, parce qu'il venoit de quelques femmes, & qu'une femme auteur étoit prefque un phénomène littéraire. Elles imaginèrent de repréfenter, dans cette apologie, une dame, *le chief des dames, l'advocate de toutes les loyales dames du monde;* d'abord trifte, abattue, enfévelie dans une douleur profonde ; ne cherchant que la retraite & les bois ; confufe de tout le mal qu'on a dit de fon fexe : mais bientôt paffant de cet état d'accablement à celui de la fureur & des menaces. Elle fait inftruire le procès de Jean de Meun, que *Loyauté* tenoit enfermé dans le *chaftel d'Amours*, pour le fouftraire à la rage de fes ennemies. On plaide cette affaire. Des avocats font nommés. *Raifon* eft celui de le Meun, & *Noble-vouloir*, celui des dames. Le champion de la beauté fait d'elle un éloge qui ne finit point. Il paffe en revue toutes les héroïnes de l'antiquité facrée & profane. *Raifon*, parlant enfuite pour le Meun, l'excufe fur fes bonnes intentions ; fur ce qu'il en veut moins aux femmes qu'il a toujours fort aimées, qu'aux maris qui plus d'une fois l'ont maltraité ; & à la jaloufie, ce monftre fi odieux au fexe. Le procès fe termine comme on s'en doute bien. Les dames le gagnent. *Juftice* prononce cet arrêt.

> Au regard de Jehan Clopinel,
> Qui fift le rommant de *la Rofe*,
> Le roy veult que de fon chaftel
> Soit banny, fans faire autre chofe.
> Et pourtant il faut qu'il difpofe
> De s'en aller en aultre terre ;
> Car la court, ainfi que fuppofe,
> Entreprent de lui mener guerre.

Mais cet ouvrage, à la louange des femmes outragées par le Meun, leur parut une fatisfaction trop légère. D'ailleurs, cet écrivain, quoique caché, continuoit à médire d'elles. Bientôt toutes celles de la cour de ce même roi Philippe trament une confpiration générale. Il fembloit que Clopinel les eût offenfées perfonnellement ; qu'elles fe reconnuffent à fes peintures. De concert avec la reine,

elles méditent une vengeance éclatante. Elles projettent de faire expier à Clopinel, sur sa peau, toutes les impertinences qu'il s'étoit permises. Le complot leur réussit. Jamais aventure ne fut plus humiliante pour un auteur. Voici comme Sorel la raconte dans sa *Bibliothèque Françoise* : » Un
» jour la reine, par le moyen des
» autres dames, fit tant qu'elle tint
» Jean de Meun en sa puissance; &
» l'ayant tensé, injurié & menacé,
» pour avoir médit du sexe féminin,
» commanda aux damoiselles qu'il
» fut dépouillé nud, & attaché à une
» colomne, pour être fouetté par
» elles-mêmes. Clopinel, voyant que
» ses excuses & raisons n'avoient lieu
» contre leur rage, supplia humble-
» ment, qu'avant mettre leur ire à
» exécution, il plût à la reine lui
» octroyer une requête; ce qu'il ob-
» tint avec grande difficulté. Je vous
» prie, dit-il, mesdames, puisque j'ai
» trouvé tant de grace envers vous
» de m'avoir entériné ma demande,
» que la plus grande p..... de votre
» compagnie commence la première,
» & me donne le premier coup. Cela

» dit, se trouvèrent toutes confuses,
» & le laissèrent en sa liberté «.

Tout le monde a sçu une aventure semblable, à la conclusion près. Des actrices de l'Opéra-comique, voyant à l'amphithéatre un mauvais poëte qui les avoit chansonnées, députèrent une d'elles pour l'inviter, par des manières engageantes, à venir dans les coulisses. Il s'y rend bien vîte. Elles le saisissent, & le fustigent impitoyablement. Le malheureux, ayant à peine eu le temps, de se rajuster, se sauve au milieu des huées. Trois jours après cet avis salutaire, notre chansonnier partit pour les Isles (*).

_____

(*) Pour quelques accidens fâcheux, réellement arrivés à des gens de lettres, & qui ne tirent pas à conséquence pour le général, l'imbécille malignité a imaginé mille aventures à peu près du même genre, plus ridicules les unes que les autres. Ces histoires, vraies ou fausses, composeroient un assez gros volume : mais il ne faut pas croire légèrement toutes ces petites anecdotes qu'on répète tous les jours, & qu'on n'a jamais bien prouvées. Cette maxime doit surtout avoir lieu à l'égard des écrivains d'un mérite distingué. Sans parler ici de Théophile, de Tristan l'hermite, qu'on a représentés comme insensibles à ces petites disgraces, & de Pierre Boissat, qu'on dit avoir été cruellement puni dans une ville de province, pour avoir abusé du privilège des masques, n'a-t-on pas prétendu que Despréaux lui-même avoit reçu des marques du ressentiment de M. de Dangeau ? Quant à l'abbé D. F., il en avoit dit ou de périodiques : l'abbé Lan....»

Sorel, ayant r. porté la manière dont les femmes se vengèrent de le Meun, s'appésantit là-dessus. Tantôt il conteste le fait, & tantôt il le commente. » Si Jean de Meun, dit-il,
» demanda, par grace, que celle
» qui étoit la plus lubrique d'entre
» elles lui donnât le premier coup,

---

reçut un pareil salaire, un jour, en plein midi, pour avoir tenu des propos indécens sur la femme d'un riche libraire. Ces deux abbés, plus célèbres encore par la causticité de leur caractère, que par le mérite de leurs écrits, craignoient si fort la répétition de ces espéces d'exécutions militaires, qu'ils n'osoient jamais souper en ville. Ils avoient la précaution de se retirer toujours sur la brune, & de fuir singulièrement tous les coins de rue. L'abbé Lan.... poussoit encore l'attention plus loin. On assure qu'il avoit quatre logemens dans Paris, sans en compter un cinquième, la Bastille, qu'il occupoit le plus souvent. Personne n'ignore les aventures qu'on a mises sur le compte de Richelet. On raconte, entr'autres choses, que des gens, mécontens de son esprit inquiet & brouillon, l'invitèrent à souper, un jour qu'il étoit à Grenoble. Au sortir de table, feignant de vouloir l'accompagner, ils le mirent au milieu d'eux, & le conduisirent ainsi à coups de canne jusqu'à la porte de France. L'officier, qui ce jour-là étoit de garde, avoit le mot. On baissa les pontslevis; &, lorsque Richelet les eut passés, on les releva, de manière qu'il fut obligé de faire cinq quarts de lieue pour gagner une maison, n'y ayant point alors de fauxbourg de ce côté-là. Il se retira tout furieux à Lyon, où il donna une nouvelle édition de son dictionnaire, dans un article duquel, pour se venger de messieurs de Grenoble, il remarqua méchamment que les Normands seroient les plus méchantes gens du monde, s'il n'y avoit pas des Dauphinois.

» elles pouvoient fe moquer de fa
» prière, & le fouetter toutes en-
» femble, fans diftinction. Il eft plus
» croyable que, pour obtenir le par-
» don, il leur dit feulement que ce
» qu'il avoit écrit n'étoit que con-
» tre les méchantes femmes perdues
» d'effet & de réputation, tellement
» qu'il ne croyoit pas que ce fût à
» elles à s'en reffentir. On peut s'ima-
» giner, ajoute-t-il, que cela fut ca-
» pable de les adoucir. «

De quelque manière qu'on interprète la chofe, il eft certain que le Meun agit & fit agir tous fes amis, pour défarmer la colère des femmes. Ils écrivirent qu'elles avoient mal pris le fens de fon livre; que le roman étoit une allégorie foutenue; que, par cette rofe, l'objet des vœux de l'amant, il falloit entendre la fageffe, ou l'état de grace, ou la fainte Vierge, ou bien l'éternelle béatitude. Quelques-uns prétendirent qu'il avoit voulu parler de la pierre philofophale. La vérité eft que le Meun, en compofant fon livre, ne penfoit à rien de tout cela ; qu'il fe propofoit uniquement de faire un ouvrage de galanterie.

E iv

Il s'y sert des mots de verger, de jardin, de rosier & de rose, pour exprimer, en termes honnêtes, des choses qui ne le sont pas.

Ce grand ennemi des femmes & des moines fut inhumé chez les dominicains de la rue saint Jacques. On rapporte qu'il leur fit un legs en mourant. C'étoit un coffre qu'il déclara être rempli de choses précieuses, & dont il défendit l'ouverture avant ses funérailles. Aussitôt qu'il fut temps, on visita le coffre : on n'y trouva que de vieilles ardoises, sur lesquelles le Meun avoit tracé de l'arithmétique & des figures de géométrie. A cette vue, les dominicains, qui s'attendoient à quelque présent considérable, indignés, déterrent le corps. Mais le Parlement les contraignit de lui donner une sépulture honorable dans leur cloître.

CLÉMENT MAROT,
ET
deux poëtes décriés,
SAGON & LA HUÉTERIE.

Ils étoient tous deux de la même province que Rotrou & Corneille : tant il est vrai que les grands & les petits génies sont de tous les climats. Sagon & la Huéterie avoient été les plus zélés partisans de Marot, dans le temps de sa gloire, lorsqu'il étoit en faveur à la cour de François premier, qu'i la divertissoit par l'enjouement & les saillies d'un esprit original : mais, du moment qu'ils virent ce poëte sort. de France pour des affaires de religion, ils le décrièrent. L'espoir de lui succéder dans sa réputation d'écrivain inimitable, ou plutôt dans les bonnes graces du prince, fit qu'ils se tournèrent contre lui. Le point le plus important pour eux étoit d'empêcher que Marot ne revînt dans sa patrie. Aussi tâchèrent-ils de le priver de tous les moyens par lesquels il pouvoit y entrer.

Il brûloit du desir de la revoir. Il écrivoit de Ferrare, lieu de son exil, à François premier, aux dames de France, à toutes les personnes en état de le servir, afin de les intéresser en sa faveur. C'étoit moins l'amour de son pays qui l'affectoit, que l'idée de triompher de l'envie & des auteurs de ses désastres. Il se justifioit des accusations odieuses dont on le chargeoit. Dans les vers où il représente sa triste situation, il laissoit toujours percer son humeur enjouée & plaisante. Ces peintures respirent, comme ses autres épitres, la délicatesse & la naïveté. Personne n'écrit de cette manière aisée & piquante. Il a sur-tout réussi dans le genre épigrammatique. Sa plaisanterie est souvent d'un homme de cour. Aussi l'a-t-on également appellé le poëte des princes, & le prince des poëtes de son temps. Des prières adressées avec autant d'esprit & de sel, que d'assiduité & de constance, devoient avoir leur effet. Pour empêcher qu'on ne les exauçât, Sagon & la Huéterie se hâtèrent d'écrire aux mêmes personnes que Marot avoit sollicitées, & de leur écrire en vers, imitant son badinage & sa légèreté. Mais l'imitation étoit grossière. Leurs lettres, qu'ils appellèrent *anti-Marotiques*, ne méritoient que le mépris & l'indignation. Ils les avoient chargées d'infamies contre Marot.

Informé des obstacles que de vils rimailleurs vouloient mettre à son retour en France, il sentit sa bile s'allumer, & répondit aux lettres *anti-Marotiques*, par une plaisanterie, sous le titre de *Fripelippes*. On y voit son valet, rendant cette justice à son maître, d'être estimé des bons écrivains, & de n'avoir pour ennemis,

> Qu'un tas de jeunes veaux,
> Un tas de rimasseurs nouveaux,
> Qui cuident eslever leur nom
> Blasmant les hommes de renom ;
> Et leur semble qu'en ce faisant,
> Par la ville on ira disant :
> Puisqu'à Marot ceux-cy s'attachent,
> Il n'est possible qu'ilz n'en sçachent.

Sagon & la Huéterie, au désespoir d'être ainsi désignés, donnèrent promptement contre Marot *la grande généalogie de Fripelippes*, composée par *un jeune poëte champeſtre*. Cette idée de *poëte champeſtre* devint un fonds de plaiſanterie ; & le rondeau ſuivant parut :

> Qu'on meine aux champs ce coquardeau,
> Lequel gaſte, quand il compoſe,
> Raiſon, meſure, texte & gloſe,
> Soit en ballade ou en rondeau.
>
> Il n'ha cervelle ne cerveau ;
> C'eſt pourquoy, ſi hault crier oſe,
> Qu'on meine aux champs ce coquardeau.
>
> S'il veult rien faire de nouveau,
> Qu'il œuvre hardiment en proſe
> (J'entends s'il en ſçait quelque choſe);
> Car, en rime, ce n'eſt qu'un veau
> Qu'on meine aux champs.

Ces traits, lancés de part & d'autre, en amenèrent de plus terribles. On ſe chargea d'accuſations graves. Le public fut inondé de vers. La ſatyre prit toutes ſortes de formes ; celle de rondeaux, de triolets, de dixains, de lay, de virelay, d'épigrammes. Marot, de retour dans ſa patrie, & triomphant d'une odieuſe cabale, ſe vengeoit de la perſécution de ſes ennemis, leur rendoit ridicule pour ridicule. Les écrivains, que ſon exil n'avoit point détachés de sa personne, le secondoient, l'animoient. Deux insectes, tels que Sagon & la Huéterie, eussent été bientôt écrasés; mais ils étoient soutenus par d'autres rimailleurs intrigans, & par la cabale des dévots gendarmés contre la muse Marotique. La guerre sur le Parnasse devint générale. Lorsqu'on eut épuisé les injures & les personnalités, on convint, entre les deux partis, d'une suspension d'armes. Bientôt la trève fut suivie de la paix. Un de ces hommes accoutumés à saisir toutes les choses par leur côté plaisant, célébra cette réconciliation dans un écrit intitulé: *Banquet d'honneur, sur la paix faite entre Clément Marot, François Sagon, Fripelippes, Huéterie, & autres de leurs ligues.*

L'auteur suppose que Mercure, venant de Paris, rencontre, dans une avenue de cette ville, *Honneur* qui se promenoit, & qui s'arrête pour lui demander des nouvelles. Mercure lui répond:

Bruit n'est que de deux veaux,
Lesquels on dict en un commun jargon,
Huéterie ou Huet, & Sagon,
Qui chascun jour mesdisent de Marot,
Encontre luy crient le grand harot,

Par leurs paiges lui livrent maint affault :
Mais à Marot de tout cela ne chault.

Honneur, voulant que chacun vive en paix, envoie inviter à dîner, par Mercure, tous ces poëtes ennemis jurés. C'est au plus haut du mont Parnasse que se donne la fête. Marot & ses amis arrivent sans aucun effort à la cime du roc. Mais Sagon, la Huéterie & leurs partisans y grimpent avec tant de peine, qu'Honneur, désespérant de les voir arriver, s'étoit déjà mis à table avec Marot, lorsqu'enfin ils paroissent. Ils prennent les places qui leur sont destinées. On mange, on cause, on rit. Belle musique au dessert. Avant que de se lever, Honneur harangue la compagnie, & dit aux convives :

De paix devriez être bons amateurs,
Vivre en amour comme frères & filz
De Minerve, disant de Discord, fy ;
Et vous tenir d'Apollo le begnin
Vrays zélateurs, déchassant tout venin.

Marot l'interrompt, entre dans le détail des injustices de ses ennemis, & se plaint ainsi de Sagon :

En mon abſence il feiſt ſon Coup d'eſſay,
Penſant que plus en France, bien le ſçay,
Venir ne deuſſe, & que de prime face
Il obtiendroit mon lieu royal & place.
Mais, dieu mercy, après toute ſouffrance,
Suis retourné au bon pays de France,
De mon premier état récompenſé
D'un plus doulx roy qui fut onc offenſé.

Là-deſſus, preſſé de remords, frappé comme d'un coup de foudre, Sagon tombe aux genoux de Marot, lui demande pardon. Il confeſſe tous ſes torts. Il convient que le démon de l'envie & de la rime l'a jetté dans d'étranges égaremens; il reconnoît l'inſolence qu'il a eue d'attaquer ſon maître dans l'art des vers. Mais la plus grande faute qu'il ſe reproche, c'eſt d'avoir ſuivi les conſeils de la Huéterie, qu'il ſoutient être une ame vile & baſſe.

Honneur, ſatisfait de cette réparation d'offenſe, engage Marot à ſe laiſſer fléchir. Celui-ci relève promptement Sagon. On s'embraſſe, on ſe jure une éternelle amitié. Le mot de paix eſt dans la bouche & dans le cœur de tout le monde. Honneur lui-même en dreſſe les articles. Point de con-

testation, point de difficulté pour y souscrire. L'acte, signé par les parties belligérantes, est lu à haute voix, pour achever de cimenter la réconciliation. Honneur dit ensuite : » Voulons &
» ordonnons que Clément Marot,
» Sagon & autres cy-présens, beu-
» ront ensemble devant partir de ce
» lieu : leur enjoignons cy-après estre
» bons amys, & vivre sans aucun
» contredit, sous les peines contenues
» èsdites conditions cy-devant dé-
» clarées; plus, sur peine d'estre privé
» de la court de céans, sans nul es-
» poir de jamais obtenir grace, & estre
» privé de tout honneur à son grand
» deshonneur. Outre, notre vouloir
» est que ledict accord, avec lesdites
» conditions, soit enrégistré aux an-
» nales des poëtes François, afin que
» cy-après puist estre exemple à nos
» postérieurs. Donné en nostre palais,
» ce jourd'y après disner ; scellé de
» nostre grand scel, & *signé* HONNEUR
» EN TOUT.

Nous verrons dans la suite Marot avoir affaire à d'autres ennemis que des poëtes. Il étoit celui de la licence, autant que de la volupté. Il mourut à

Turin, l'an 1544. Jodelle lui fit cette épitaphe :

> Quercy, la cour, le Piémont, l'univers
> Me fit, me tint, m'enterra, me connut ;
> Quercy mon los, la cour tout mon temps eut,
> Piémont mes os, & l'univers mes vers.

ÉTIENNE DOLET,
ET
FRANÇOIS FLORIDUS.

Étienne Dolet naquit à Orléans en 1509. Il écrivoit très-bien en Latin. Mais, outre ce mérite qu'il partageoit avec la plupart des écrivains de son temps, il avoit un talent particulier, celui d'écrire encore mieux dans sa propre langue. Nous avons de lui *la vie de François I, jusqu'en* 1539, sans compter des harangues, des traductions, beaucoup de critiques, quatre livres de poësies, intitulées *Premier & second enfer*, & des lettres dans un goût singulier. Elles sont devenues très-rares. L'imagination de ce poëte l'entraînoit continuellement. Il étoit extrême en

tout, dans ses éloges & dans ses critiques, dans ses plaisirs & dans le travail. Il se faisoit, dit-on, aimer ou haïr avec une sorte de fureur ; traitoit de préjugés absurdes tous les principes de religion & de probité ; ne connoissoit de divinités que la présomption, la haine & la vengeance. Ainsi les plus beaux talens furent gâtés par les inclinations les plus violentes, & par tous les écarts imaginables. Mais rien ne peint mieux Dolet qu'une lettre de Jean Angeodonus, écrite de Strasbourg. « A le voir seule-
» ment, dit Angeodonus, on démê-
» loit un étourdi, un fou, un insensé,
» un furieux, un enragé, un glorieux,
» un impertinent, un menteur, un
» débauché, un méchant, un quérel-
» leur, un impie, un écrivain sans
» dieu, sans foi, sans religion quel-
» conque ; & l'on voyoit si bien tout
» cela, que, ni le bronze ni la toile
» n'eussent jamais pu être, comme son
» visage, l'image d'un monstre. Il est
» du nombre de ceux qui sont à la
» fois, selon Erasme, à plaindre &
» risibles. Il a déshonoré autant qu'il
» étoit en lui, à force de passions &

» de vices, & les belles-lettres qu'il
» entendoit parfaitement, & le faint
» chréme qu'il avoit malheureusement
» reçu «. Partout il s'attira des affaires terribles. Il fut mis en prison à Touloufe, l'an 1553, pour un discours qu'il eut l'audace d'y débiter contre le parlement & contre la nation Touloufaine, qu'il taxoit d'ignorance & de barbarie. Quatre ans après, il commit un affaffinat à Lyon. Des protecteurs le tirèrent de l'échafaud. Il retomba dans d'autres crimes, & réchappa encore au glaive de la juftice. Cet auteur paffoit fa vie à fuir d'un lieu en un autre, jufqu'à ce qu'enfin il expia par le feu fa réputation d'athée public.

Voilà l'ennemi que s'attira François Floridus. Leur querelle vint d'un ouvrage fur la Langue Latine, compofé par celui-ci. Dolet crut entrevoir dans ce livre, qui fit alors beaucoup de bruit, des idées contraires aux fiennes. Il attaqua vivement l'auteur, Italien de naiffance, un de ces fçavans, il eft vrai, fans efprit & fans goût, mais confidérés à caufe de leur application & de leurs recherches, qui ne fortent des bornes de la modération, que lorsqu'on ne garde aucun ménagement pour eux. Ils éclatent alors avec violence. Floridus, outré d'une critique furieuse, se vengea, non en relevant des fautes de grammaire & de goût, mais en reprochant des crimes, en donnant une brochure qui contenoit la vie affreuse de Dolet. L'Italien entroit dans le détail de toutes les accusations intentées contre son Zoïle. Il invitoit les amis, les protecteurs de ce poëte à l'abandonner; les magistrats à le punir, à faire un exemple des gens de lettres incrédules. La brochure fut imprimée à Rome, & répandue à Paris.

Elle produisit l'effet qu'en attendoit l'auteur. On regarda Dolet comme un monstre. De nouvelles imprudences, de nouveaux attentats, son affectation à tenir à la fois école de bel-esprit, de libertinage & d'athéisme, le firent arrêter à Paris, l'an 1544. Cette détention fut pour lui la dernière & la plus terrible de toutes. On instruisit son procès. Ce malheureux fut condamné, comme athée relaps, à être brûlé. La sentence fut exécutée dans la place Maubert, le 3 août 1546.

Voyant le peuple s'intéresser à lui lorsqu'on le menoit au supplice, il fit un vers qui n'est qu'une allusion à son nom de *Dolet* (*). Les uns veulent qu'il ait jusqu'à la fin bravé la mort & la divinité. D'autres assurent que, sur une exhortation du confesseur, il changea de langage ; qu'au lieu de blasphêmer contre dieu, contre les saints & la vierge, comme il avoit toujours fait, il les invoqua ; qu'il implora sur-tout saint Etienne, son patron. Il avertit les assistans de lire ses ouvrages avec attention, parce qu'ils renfermoient des choses intéressantes & mystérieuses. Les circonstances de sa mort donnèrent lieu à bien des superstitions. Dolet se nommoit Etienne : or il fut brûlé le jour de saint Etienne, & dans une place de la paroisse de saint Etienne du Mont.

Comment M. l'abbé Goujet a-t-il oublié cet auteur, en faisant l'énumé-

___

(*) *Non dolet ipse* Dolet, *sed pia turba dolet*.

Le docteur qui l'accompagnoit retourna le vers :

Non pia turba dolet, sed dolet ipse Dolet.

ration suivante : « Jean le Chatelain, auteur de la *Chronique de Metz* en vers, fut brûlé vif pour crime d'hérésie. Gilles Durant, poëte connu à la cour de Louis XIII, fut rompu en place de Grève, pour avoir écrit contre l'état & contre le roi. Un gentilhomme Italien fut pendu, pour avoir traduit dans sa langue le libèle de Gilles Durant. Antoine de Mont-Chrêtien, auteur de plusieurs tragédies, fut traîné sur la claie, pour crime de rébellion. Jean-Baptiste de Crosilles, prêtre & traducteur des épitres héroïdes d'Ovide, fut exilé & mis au cachot, pour s'être marié après sa prêtrise. Le poëte Guillard Danville fut trois ans détenu prisonnier à la Bastille, pour quelques soupçons qu'on avoit conçus contre sa fidélité. Resneville, poëte Normand, fut exilé pendant sept ans, pour avoir assisté à un duel dont on vouloit le rendre coupable. Jacques du Lorens, avocat au présidial de Chartres, fut mis à l'amende, pour avoir fait des satyres contre les juges. » On peut ajouter à cette liste le célèbre Vanini, qui, pressé, avant qu'on le jettât au feu, de demander pardon à dieu, au roi & à la justice, répondit : *Je ne connois point de dieu, je n'ai jamais offensé le roi, & je donne la justice au diable, s'il y en a.*

RONSARD,
ET
SAINT-GELAIS.

Pierre Ronsard, né dans le Vendomois en 1525, passa pour le plus grand poëte de son temps. Il conserva cette réputation jusqu'à Malherbe. Le génie de Ronsard se tourna d'abord du côté de la guerre & des négociations. Ce fut le sçavant Lazare Baïf qui lui donna le goût des belles-lettres. Ils furent liés étroitement. On raconte que Ronsard étudioit jusqu'à minuit ; & qu'en se couchant, il réveilloit Baïf, qui prenoit sa place. Ils employoient tout leur temps à l'étude des langues Grecque & Latine. Aussitôt que Ronsard fut rempli de la lecture des anciens auteurs, il fe mit à *pindarifer*, felon fa propre expreffion ; c'eft-à-dire, qu'il voulut imiter Pindare. Il donna l'effor à fon génie, & fe plaça dans les nues. Il prit le vent & l'enflure pour de la verve ; & fes contemporains fe trompèrent également. Ils traitèrent fes vers empoulés d'infpiration divine. Sa mufe, d'abord reçue avec enthoufiafme à la ville, fut bientôt connue à la cour. Des églogues, des fonnets, des épithalames l'y mirent en réputation. Henri II fut curieux de lire fes poëfies : mais, auparavant, il voulut fçavoir du vieux Saint-Gelais ce qu'il penfoit du jeune poëte.

Mellin de Saint-Gelais étoit en poffeffion de charmer par le caractère des fiennes. On y trouve de la douceur, de l'agrément, de la facilité. On le met à quelques égards au-deffus de Villon, de du Bellai, de Sarrafin, & même de Marot. C'eft à lui que nous devons le fonnet, qui paffa de l'Italie en France. La crainte de fe voir éclipfé par une mufe naiffante, lui fit parler d'elle avec mépris au monarque. Mais un effet plus étonnant de fa jaloufie, c'eft la manière dont il lut à Henri II
une

une pièce de Ronsard. Il falsifia, tronqua la plupart des vers, & récita les autres à contre-sens. Le prince en avoit demandé la lecture avec empressement; & sa curiosité fut mal satisfaite.

Un procédé si bas vint bientôt à la connoissance de Ronsard. Rien n'indigne tant un poëte que des vers mal rendus par un acteur ou par un lecteur. Il n'apprit qu'avec un dépit extrême que les siens avoient été défigurés, & cela pour le détruire à la cour. Le démon satyrique s'empara de lui sur le champ, & lui suggéra des vers contre un *médisant de Ronsard :*

> Avant, avant, vers furieux,
> Fouldroyons l'homme injurieux,
> Qui, de sa bavarde ignorance,
> Veut honnir l'honneur de la France,
> Aboyant d'un gozier felon
> Un des plus chéris d'Apollon.
> Ourdissons une corde telle
> Que celle d'Archiloc, ou celle
> Qu'Hipponax Ireus rétordit,
> Afin que Bupal se pendit.

Tel est son début, pour venger son injure & vomir des horreurs. L'idée d'avoir manqué sa fortune, d'avoir perdu l'estime de son prince & l'espoir de ses libéralités, faisoit son tourment. On peut mettre ces affreux couplets avec les plus horribles que nous ayons eus depuis. Ronsard y parcourt l'histoire & la fable, & s'épuise en imprécations. Il avoit son offense tellement présente à son esprit, que, dans les sujets mêmes les plus éloignés de la satyre, il trouvoit le moyen de l'y amener. Par exemple, elle termine cette strophe d'un *hymne triumphal* sur la mort de Marguerite de Valois, reine de Navarre, qu'il plaît au poëte de mettre au rang des plus grandes saintes.

<blockquote>
Je te salue, ô l'honneur
De mes muses, & encore
L'ornement & le bonheur
De la France qui t'honore.
Ecarte loin de mon chef
Tout malheur & tout méchef.
Préserve-moi d'infâmie,
Et de tout acte malin ;
Et fais que devant mon prince
Désormais plus ne me pince
La tenaille de Mellin.
</blockquote>

Aucune des autres querelles de Ronsard n'approche de celle-ci. Il en eut avec Joachim du Bellay, contre lequel il plaida pour se faire rendre des odes que du Bellay lui avoit enlevées; il en eut avec le bouffon & l'inintelligible Rabelais, qui l'attaquoit partout de conversation & de plaisanterie; il en eut avec plusieurs ministres protestans, réputés beaux-esprits, qui lui reprochèrent de s'être fait, de curé, soldat au service de l'Ecosse & de l'Angleterre; il en eut avec Philibert de Lorme, abbé de Livri, qu'il ridiculisa par une satyre intitulée *la Truelle crossée*: mais personne n'excita sa bile autant que Mellin de Saint-Gelais. Ce dernier sentit la sottise qu'il avoit faite. Il vit combien il est dangereux d'offenser un jeune homme à talent. D'ailleurs, les courtisans même blâmoient cette méchanceté de mal lire des vers qu'on croyoit fort beaux. Toutes ces considérations le déterminèrent à tâcher d'appaiser promptement Ronsard; à publier qu'il n'avoit rien dit ni rien fait contre lui; qu'il étoit son plus grand admirateur; & que, loin de déprécier ses poësies, il les avoit, au contraire, toujours fort vantées au roi.

A ces discours, Saint-Gelais joignit toutes sortes d'avances pour en venir à une réconciliation.

C'en fut assez pour désarmer Ronsard. Des transports de la colère, il passe à ceux de l'amitié. Il se reproche ses couplets, & fait des vers à la louange de Mellin.

> Las ! ce monstre, ce monstre d'ire,
> Contre toi me força d'écrire,
> Et m'élança, tout irrité,
> Quand, d'un vers enfiélé d'iambes,
> Je vomissois les aigres flambes
> De mon courage dépité ;
>
> Pour ce qu'à tort on me fit croire,
> Qu'en fraudant le prix de ma gloire,
> Tu avois mal parlé de moi,
> Et que, d'une longue risée,
> Mon œuvre par toi méprisée,
> Ne servit que de farce au roi.
>
> Mais ores, Mellin, que tu nies
> En tant d'honnêtes compagnies
> N'avoir médit de mon labeur,
> Et que ta bouche le confesse
> Devant moi-même, je délaisse
> Ce dépit qui m'ardoit le cœur.

Les princes du Parnasse étant réconciliés, tout le reste sembloit devoir se régler sur eux. Mais les partisans de Saint-Gelais & de Ronsard continuèrent la guerre. Ils se disputoient, pour sçavoir lequel des deux méritoit la préférence. Les tenans pour Ronsard le proclamoient roi de la poësie. On fondoit ses titres pour le trône, sur *les amours de Cassandre*, sur *les sonnets pour Hélène*, les cinq livres de ses odes, son *Bocage royal*, ses églogues, ses élégies, ses poëmes, mais principalement sur celui de *la Franciade*, le premier poëme épique François. On retrouvoit dans ce seul poëte les trois plus grands poëtes de l'antiquité, Pindare, Homère & Virgile.

Il faut entendre un badaud de l'Hélicon se plaindre de ce qu'on n'admire pas assez Ronsard, de ce que son talent n'est pas une égide contre tous les traits de la critique. » Ce grand
» Ronsard, dit-il, ce prince des poë-
» tes François, l'ornement non seu-
» lement de la France, mais de tout
» l'univers, n'a pu lui-même éviter les
» sagettes de la censure. Car soudain
» qu'il eut fait imprimer ses amours
» & le quatrième livre de ses odes,
» on vit en même-temps une brigade
» de petits musquets frisés & rimeurs

» de cour, qui, pour faire une bal-
» lade & un rondeau avec le refrein,
» mal-à-propos s'imaginent avoir seuls
» mérité les lauriers du Parnasse. Le
» chef de cette bande étoit Mellin
» de Saint-Gelais, qui, pour avoir
» quelque chose de plus que les au-
» tres, avoit acquis beaucoup de ré-
» putation envers les grands, prin-
» cipalement auprès du roi, s'effor-
» çoit, par envie, de troubler l'eau
» pégasine à ce nouvel Apollon, ayant
» l'ame touchée de tant d'envie & de
» présomption que d'oser blasonner
» & de reprendre les œuvres dudit
» Ronsard aux yeux de sa majesté,
» pour le rendre odieux. « Ces plaintes sont terminées par ce conseil.

> Si la colère vous enflambe,
> Ne vous pendez pas, envieux :
> Je vous remets devant les yeux
> Le malheur du pauvre Lycambe.
> Mais, si le mal tant vous oppresse
> Qu'il ne reçoive guérison,
> Dessous le figuier de Tymon,
> Allez finir votre tristesse.

D'autre part, ceux qui tenoient pour Mellin de Saint-Gelais n'accordoient du mérite qu'à lui seul. Ils ne voyoient rien au-dessus de ses poësies tendres. Ils le comparoient à Properce, à Tibulle, à Catulle. Ils faisoient valoir son glorieux surnom d'*Ovide François*. L'homme dans Ronsard leur sembloit encore plus ridicule que le poëte : en quoi certainement ils ne se trompoient pas. Ronsard étoit vain singulièrement. Il ne parloit que de sa maison, de ses prétendues alliances avec des têtes couronnées. Il étoit né la même année de la défaite de François I, devant Pavie ; comme si le ciel, disoit-il, avoit voulu par-là dédommager la France de ses pertes. Il ne finissoit point sur le récit de ses bonnes fortunes. Etant jeune, il fut recherché des femmes : mais leurs faveurs eurent pour lui de cruelles suites. On lui reprocha des maladies honteuses. Il habitoit le haut d'une tour fort élevée, qu'on appella pendant long-temps la *tour de Ronsard*. Cette tour fut une source féconde de plaisanteries.

Pour peu que Saint-Gelais & Ronsard eussent voulu souffler ces restes de feu de discorde, il seroit devenu plus violent que jamais. Aucun d'eux ne reprit la plume. Ils se respectèrent & se craignirent encore plus qu'ils ne s'aimèrent. Mellin, appréhendant de ne pouvoir, au bout de sa carrière, se soutenir avec honneur, abandonna la poësie Françoise à son jeune rival, & se remit aux vers Latins ; ce qui fit dire que *le soleil levant l'ayant effacé ou fait fuir d'un horison, il s'en étoit allé sous l'autre.*

Toutes les trompettes, réunies pour annoncer le mérite de Ronsard, ne se turent que vers le temps de Louis XIII. C'est un des écrivains dont la réputation mal fondée a le plus retardé le progrès de la langue. Sa versification dure, Gallo-Grecque, & souvent inintelligible, chargée d'érudition & de mots nouveaux, servoit de modèle. Ce poëte, dit Despréaux :

> Réglant tout, brouilla tout, fit un art à sa mode ;
> Et toutefois long-temps eut un heureux destin.
> Mais sa muse, en François, parlant Grec & Latin,
> Vit dans l'âge suivant, par un retour grotesque,
> Tomber de ses grands mots le faste pédantesque.

Après sa mort, il reçut des honneurs tels qu'on n'en rend qu'aux gens de lettres qu'en Angleterre. On lui fit un tombeau magnifique, avec la statue de la façon d'un très-habile sculpteur, & une épitaphe singulière. L'abbé du Perron, depuis Cardinal, prêcha son oraison funèbre dans le collège de Boncourt. On tâchoit, par tous ces honneurs, de répondre à la haute idée que, de son vivant, on avoit conçue de lui. La ville de Toulouse, pour le remercier d'avoir bien voulu mettre aux jeux floraux, dont il remporta le premier prix, ne jugeant pas la récompense ordinaire proportionnée à tant de mérite, fit faire une Minerve d'argent massif, & d'un prix considérable, qu'elle lui envoya. Le présent fut accompagné d'un décret, qui déclaroit *Ronsard le Poëte François* par excellence. Marie Stuard, reine d'Ecosse, fit aussi présent à Ronsard d'un buffet fort riche, où il y avoit un vase représentant le Mont-Parnasse, avec cette inscription :

A Ronsard,
l'Apollon de la source des Muses.

JEAN-BAPTISTE GUARINI,

ET

JASON DE NORES.

Guarini naquit de parens nobles, à Ferrare, l'an 1537. C'étoient alors les beaux jours de l'Italie. Tous les arts, transportés de Grèce dans cette terre heureuse, y prenoient une vie nouvelle. La poësie, l'histoire, la peinture, la sculpture, l'architecture, enfantoient à l'envi des chefs-d'œuvre. Léon X s'immortalisoit par les grands hommes qu'il formoit en tout genre. Mais il eut manqué quelque chose à la gloire des Médicis, aux délices de leur nation, sans la naissance du poëte dont je parle.

L'esprit, les graces, le naturel, la délicatesse, les images, la douceur & la facilité, le caractérisent particulièrement. On trouve en lui tout ce qu'on peut attendre d'un génie heureusement né pour les vers, cultivé par la lecture des auteurs agréables, & formé sur-tout à l'école du monde. Le Dante & Pétrarque n'ont pas tiré de la langue Italienne autant de ressources & de charmes. Personne ne rend mieux le sentiment que Guarini. C'est l'Amour même qui parle dans le *Pastor Fido*.

Nous n'avons rien de cet auteur, qu'on puisse comparer à cette pastorale. Quand elle parut, toute l'Italie en fut enchantée. Les femmes ne se lassoient point de la lire. Celles qui se piquoient d'avoir l'esprit orné, l'apprenoient par cœur. Le nombre des éditions qu'on en fit est incroyable. Elle fut traduite dans toutes les langues de l'Europe. Tant d'applaudissemens n'en imposèrent point à Jason de Nores. Il osa s'élever contre le goût de son siècle, & se brouiller avec la plus belle moitié du genre humain.

Jason de Nores étoit originaire de Normandie, & né dans l'isle de Chipre. La plus grande place où son mérite l'éleva, fut celle de professeur de morale, à Padoue. Il avoit cette dureté de caractère que souvent on contracte dans l'école, & cette érudition immense & sans choix qui est le tombeau du génie. Il ne connoissoit point ce qu'on appelle goût, graces, convenance. C'étoit un de ces hommes infatués d'Aristote, qui discutent tout & ne sentent rien, qui n'imaginent pas qu'on puisse laisser jamais les règles & les sentiers battus. Il se prévint contre les pastorales, devenues la lecture à la mode dans toute l'Italie. Il traita ce genre, de monstre enfanté par le mauvais goût & par l'ignorance de la belle latinité. L'espoir de ramener ses contemporains, de leur apprendre à penser, à distinguer les beautés réelles de ce qu'il jugeoit n'en avoir que l'apparence, lui fit interrompre les fonctions les plus graves, pour se jetter dans des discussions littéraires. Il composa rapidement une critique contre le *Berger fidèle*. Elle fut imprimée à Venise, l'an 1587.

Guarini s'en vengea par une réponse qui parut à Ferrare, & dans laquelle il se moque d'un critique assez borné pour condamner le genre pastoral, & resserrer la carrière des lettres & des arts, pendant qu'on ne sçauroit trop l'étendre. De Nores entassoit citations sur citations, prétendoit gagner sa cause d'autorité, ne s'embarrassant point du suffrage de l'esprit ni du cœur. Aussi son livre ne fit point fortune. Cet écrivain eut été plus judicieux, si, loin d'assigner des entraves au génie, de tant parler des règles établies, de crier qu'elles étoient toutes violées dans le *Berger fidèle*, il eut relevé les vrais défauts de cette pastorale. Elle est pleine de jeux de mots, de pensées fausses, de comparaisons outrées, de saillies froides, de puérilités mises à la place du simple & du naïf. Ces taches sont rachetées par des étincelles de génie. Le professeur de morale eut dû s'en tenir à son métier, & déclarer simplement la lecture de cet ouvrage, dangereuse.

Son envie de dogmatiser sur le goût, alloit au point, que, pour critiquer le *Pastor fido*, il n'attendit pas que la pièce fût imprimée. Il en porta son jugement, lorsqu'elle n'étoit encore que manuscrite. Guarini, se trouvant à Turin dans le temps des nôces de Charles, duc de Savoie, avec la princesse Catherine, sœur de Philippe III, avoit profité de cette occasion pour la faire représenter. Elle fut jouée dans cette ville, avec toute la magnificence possible, & le succès le plus étonnant. Chacun voulut avoir la pastorale : on en tira des copies ; & c'est sur ces copies, la plupart fautives, que de Nores déclama contre le goût des pièces modernes.

Pour avoir été réfuté vivement, il ne se tint pas battu. Il fit imprimer à Padoue, 1590, un nouveau discours en confirmation de ses sentimens. Il prêchoit avec plus de force que la première fois l'observation des grandes règles Aristotéliciennes, & disoit des injures au poëte chéri de la nation. Pour peu qu'on ait lu le *Pastor fido*, il n'est personne qui ne se rappelle la belle scène d'*Amarillis* dans l'acte troisième. Quels sentimens que ceux de cette bergère, qui brûle pour Mirtil (*) !

(*) S'el peccar' è sì dolce,
　E'l non peccar sì necessario ; o troppo
Imperfetta natura,
　Che repugni à la legge ;
　O troppo dura legge,
　Che la natura offendi.

Ils ont été rendus trop heureusement dans notre langue, pour qu'on ose revenir sur cet endroit.

Si l'instinct & la loi, par des effets contraires,
 Ont également attaché
 L'un tant de douceur au péché,
 L'autre des peines si sévères ;
Sans doute, ou la nature est imparfaite en soi,
Qui nous donne un penchant que condamne la loi;
Ou la loi doit passer pour une loi trop dure,
Qui condamne un penchant que donne la nature.

De Nores trouvoit dans cette pensée la marque d'un cœur dépravé. Il ne concevoit point comment les Italiens la goûtoient si fort. Il leur accordoit de l'esprit : mais il leur contestoit le jugement. Guarini fut encore moins ménagé qu'eux. Irrité de cet acharnement, il réfuta une seconde critique par une seconde réponse qui étoit terrible. Heureusement de Nores ne la vit point. Il mourut lorsqu'elle étoit sous presse. Ses amis disoient que, s'il l'eût vue, il en seroit mort de chagrin. Ils le remplacèrent pour son animosité contre les pastorales; & la dispute ne fut que plus vive.

L'Italie entière devint le théâtre de

ce fameux démêlé. Que d'ouvrages pour & contre le *Pastor fido* sortirent des imprimeries de Ferrare, de Padoue, de Venise & de Verone ! Orlando Pescetti & Paul Beni, tous deux en réputation de bel-esprit & de sçavoir, en donnèrent alors des marques. On fit le parallèle de l'*Aminta* & du *Pastor fido*. Les uns préféroient la pastorale du Tasse à celle de Guarini, & les autres faisoient le contraire. On reprochoit au prince de la poësie Italienne, d'avoir trop cherché l'esprit, la finesse & les embellissemens. Les mêmes défauts se rencontrent dans Guarini : mais ils y sont & moins nombreux, & moins considérables. On convenoit en général que l'amour est mieux traité dans le *Berger fidèle* que dans l'*Aminte*. Cette dernière pastorale n'est d'un bout à l'autre qu'afféterie & fadeur. Les ornemens dont elle est surchargée, la déparent totalement. Quel langage hors de nature que celui de cette bergère, occupée à se parer de fleurs, & qui les approche de sa joue, afin de faire comparaison avec elles pour la couleur, & de les couvrir de honte, en l'emportant fur leur éclat (*) !

Au milieu de toutes ces vives contestations, Guarini restoit tranquille. Il voyoit d'un œil indifférent ses amis & ses ennemis aux mains. Il récita la fable de la cigale. Son *Pastor fido* ne l'intéressoit plus. Cette conduite avoit sa source dans un fonds d'amour propre incompréhensible. Ce poëte, devenu fou de sa qualité de gentilhomme, s'imagina qu'il étoit déshonoré pour avoir composé des vers. Il rougissoit de sa réputation d'auteur, laquelle avoit fait sa fortune & toute sa gloire, l'avoit mis dans les bonnes graces de l'empereur Maximilien, de Henri de Valois, de plusieurs papes, & de beaucoup de cardinaux & princes d'Italie. Il eut desiré ne pas être des académies, n'avoir jamais fait ni livres ni enfans. Il étoit, à l'égard des siens, d'une extrême dureté. Ils furent obligés de plaider contre lui. Le procès alloit être jugé, lorsqu'il mourut à Venise, où il s'étoit transporté pour

---

(*)   Io pur vinco ;
Ne porto voi per ornamento mio ;
Ma porto voi sol per vergogna vostra.

les poursuivre. Guarini mourut très-estimé comme poëte, mais décrié comme père, comme ami, comme citoyen. Aubert le Mire met ce directeur de Cythère au rang des écrivains ecclésiastiques. C'est que, sur le titre de *Pastor fido*, il a cru que les devoirs des pasteurs, ou des évêques & curés, étoient représentés dans cet ouvrage.

JOSEPH SCALIGER,

ET

SCIOPPIUS.

Il est des sçavans dont tout le mérite & l'unique occupation consistent à réformer des dattes, à commenter, à rétablir, ou plutôt à défigurer des passages, à se charger la mémoire d'un grand nombre de mots, & sur-tout à se dire doctement beaucoup d'injures. Ceux dont je parle n'auroient pas mérité l'estime qu'on a pour eux, s'ils n'avoient donné des preuves de quelque talent. Scaliger en avoit un réel,

& qui ne se bornoit pas à la partie grammaticale, comme celui de Scioppius. Je n'en veux qu'à leurs ridicules, & nullement à leur réputation.

Joseph Scaliger avoit hérité de son père Jules, avec un amour ardent pour l'étude, de la vanité la plus déplacée, de l'humeur la plus caustique & la plus insupportable. Ses écrits sont un amas de choses utiles, & d'invectives grossières contre tous ceux qui ne le déclaroient point le phénix des auteurs. Ebloui par la sottise de quelques-uns qui l'appelloient *Abysme d'érudition, Océan de science, chef-d'œuvre, miracle, dernier effort de la nature*, il s'imaginoit bonnement qu'elle s'étoit épuisée en sa faveur. C'étoit un tyran dans la littérature. Il se glorifioit de parler treize langues, l'Hébreu, le Grec, le Latin, le François, l'Espagnol, l'Italien, l'Allemand, l'Anglois, l'Arabe, le Syriaque, le Chaldaïque, le Persan & l'Ethiopien; c'est-à-dire, qu'il n'en sçavoit aucune. La connoissance imparfaite qu'il avoit de toutes, étoit un répertoire dans lequel il puisoit des termes insultans & grossiers. Auteurs morts & vivans, tous furent également immolés à sa critique. Il leur prodigua plus ou moins les épithètes de *fou*, de *sot-orgueilleux*, de *bête*, d'*opiniâtre*, de *plagiaire*, de *misérable esprit*, de *rustique*, de *méchant pédant*, de *grosse bête*, d'*étourdi*, de *conteur de sornettes*, de *pauvre homme*, de *fat*, de *sot*, de *fripon*, de *voleur*, de *pendard*. Il appelle tous les luthériens, *barbares*, & tous les jésuites, *ânes*; Origène, *rêveur*; saint Justin, *imbécille*; saint Jérome, *ignorant*; Rufin, *vilain maraut*; saint Chrysostome, *orgueilleux vilain*; saint Basile, *superbe*, & saint Thomas, *pédant*.

Une si grande déraison dans un homme qui faisoit dire qu'*assurément le diable étoit auteur de l'érudition*, méritoit qu'il rencontrât quelqu'un encore plus emporté que lui, & qui vengeât la cause commune des gens de lettres. Le champion qu'on desiroit se présenta. Scioppius, le terrible Scioppius, surnommé *le chien de la littérature*, voulut aussi tenir le premier rang parmi ses confrères, & devenir l'Attila des auteurs. Il avoit tout ce qu'il falloit pour bien jouer ce rôle; une présomption démésurée; la mémoire la plus extraordinaire. Les mots injurieux de toutes les langues lui étoient connus, & venoient d'abord fur la fienne. Il joignoit à cette belle érudition un entêtement fingulier. Point d'ufage du monde, aucune décence, aucun refpect pour les grandeurs, pour le trône & la thiare. C'étoit un frénétique d'une efpèce nouvelle, débitant de fang-froid les médifances & les calomnies les plus atroces, un vrai fléau du genre humain. Il avoit cela de commun avec Jofeph Scaliger, qu'il étoit plein d'idées extravagantes fur fa naiffance. Leur abfurde vanité, de ce côté-là, fut caufe de la brouillerie de ces prétendus Varrons de leur fiècle.

Jofeph Scaliger donna, l'an 1594, un ouvrage fous ce titre : *Lettre de Jofeph Scaliger, fur l'ancienneté & la fplendeur de la race Scaligérienne.* Tout ce que l'orgueil en délire peut imaginer d'extravagant & de chimérique en fait de généalogie, eft raffemblé dans cet écrit. L'auteur, dont le père né dans le territoire de Vérone vint s'établir en France, dans la ville d'Agen, veut y prouver que fa famille defcendoit des anciens princes de Vérone. La vie de ce père est le morceau le plus brillant de l'ouvrage. On y voit *Jules* représenté comme le plus grand guerrier de son siècle, parce que, dépourvu de fortune & de talent, il avoit fait, dans sa jeunesse, quelques campagnes en Italie, en qualité de simple soldat ; comme le plus habile médecin de l'Europe, parce qu'il avoit pris des dégrés dans la faculté de médecine de Padoue, & qu'il exerçoit cet art, moins pour guérir les autres, que pour s'empêcher de mourir de faim ; comme meilleur latiniste qu'Erasme, & supérieur en tout à Cardan, parce qu'il fut l'ennemi juré de l'un & de l'autre. Ce monument, élevé à la gloire de tous les Scaligers passés & futurs, parut à Scioppius un outrage à sa famille. Il voulut élever sa race au-dessus de celle de Joseph Scaliger, dont la réputation ne lui faisoit déjà que trop d'ombrage.

Scioppius réfuta la lettre d'un bout à l'autre. Il trouva que les impostures dont elle étoit remplie, montoient justement à quatre cent quatre-vingt-dix-neuf. Ce surnom de l'*Escale*, dont les Scaligers étoient si jaloux, fut tourné en plaisanterie. Il prétendit que ce n'étoit point une preuve qu'ils vinssent des princes de l'Escalle de Vérone. Il leur donne une toute autre généalogie, dans laquelle il fait passer Jules Scaliger pour le fils d'un maître d'école, appellé Benoît Burden. Ce maître d'école, étant allé demeurer à Venise, y changea le nom de Burden contre celui de Scaliger, parce qu'il avoit une échelle pour enseigne, ou parce qu'il habitoit la rue de l'échelle. Avec ce même ton d'assurance, dont Scioppius déclaroit tous les Scaligers roturiers, il se disoit lui-même né gentilhomme, & sorti d'une des premières maisons du Palatinat.

Quelle humiliation pour Scaliger d'être attaqué par l'endroit le plus sensible! Voulant constater les droits de sa haute noblesse, & faire rentrer dans le néant celui qui le ménageoit si peu, il donne à la hâte un libèle, intitulé *la vie & les parens de Gaspard Scioppius*. Jamais taches de famille ne furent révélées avec plus de complaisance. Nous apprenons dans cette généalogie, que Scioppius eut pour père un homme qui fut successivement fosfoyeur, garçon libraire, colporteur, foldat, meunier, enfin brasseur de bière. Nous y voyons que la femme & la fille de ce bas aventurier, étoient des personnes sans mœurs. La femme, long-temps entretenue, & délaissée enfin par un homme débauché qu'elle avoit suivi en Hongrie, fut obligée de revenir avec son mari, qui la traita durement, jusqu'à condamner son épouse aux plus viles occupations de servante, & faire de sa servante son épouse. La fille, aussi déréglée que la mère, après la fuite d'un mari scélérat qu'on alloit faire brûler pour le crime le plus infâme, exerça la profession de courtisane. Elle poussa si loin le scandale, qu'elle fut mise en prison, & qu'elle ne put échapper que par la fuite à la sévérité des loix. Tant d'horreurs, publiées sur la famille de Scioppius, ne lui semblèrent qu'une invitation à mieux faire.

Personne n'entendoit comme lui les représailles. Comment traita-t-il Jacques I, roi d'Angleterre, & ses deux plus zélés partisans, Casaubon & du Plessis Mornai, parce qu'ils l'avoient contredit sur un point d'érudition ?
Combien

Combien d'imprécations ne pouffa-t-il pas contr'eux, parce qu'on fit brûler publiquement fes fatyres à Londres, que fon effigie fut pendue dans une comédie repréfentée devant le monarque, & que fa majefté fe contenta de lui faire donner des coups de bâton par fon ambaffadeur en Efpagne: action qu'il traita d'affaffinat, criant qu'il n'avoit été fauvé que par la protection de la Vierge ? Comment encore, dans fes démêlés avec les jéfuites, ne les déchira-t-il point ? Il publia contre la fociété plus de trente libèles diffamatoires dont on a la lifte. Ce qui furprendra davantage, c'eft que, dans un endroit où il fe déchaîne le plus contre les jéfuites, il finit par dire: *Moi Gafpard Scioppius, déjà fur le bord de ma tombe, & prêt à paroître devant le tribunal de Jéfus-Chrift, pour lui rendre compte de mes œuvres, ai écrit tout cela.* Il ramaffa toutes les médifances, toutes les calomnies répandues fur le compte de Scaliger, & il en fit un gros volume, fous lequel il pût l'écrafer. Le libèle étoit d'une force fi terrible, qu'on n'en avoit pas encore vu de pareil. Baillet dit que Scioppius y paffa les bornes d'*un correcteur de collège,* & *d'un exécuteur de la haute justice.*

Le chagrin qu'en eut Joseph Scaliger le conduisit au tombeau. Il mourut à Leyde, 1609, victime des traits dont il avoit montré le funeste usage. Ses amis jettèrent des fleurs sur sa tombe. Ils publièrent contre tous ses rivaux quantité de libèles, comme autant de trophées élevés en son honneur. Le plus grand service qu'il ait rendu à la littérature, est d'avoir imaginé le premier une chronologie complette & méthodique, & d'avoir cherché des principes sûrs pour ranger l'histoire en un ordre exact & fondé sur des règles.

Pour Gaspard Scioppius, il ne mourut que l'an 1649, à Padoue, où il s'étoit retiré, faute de pouvoir trouver ailleurs une retraite assurée contre la multitude d'ennemis qu'il s'étoit faits par l'impétuosité de son caractère. Les protestans & les catholiques le détestèrent également. Le même Baillet observe que dieu, qui pouvoit faire succomber ce critique épouvantable à ses veilles continuelles, au travail excessif de ses études, permit qu'il vêcut une *vingtaine d'olympiades, & davantage*, pour l'exécution de quelque grand deſſein, & l'expiation des péchés des hommes. Il met Scioppius au nombre des méchans qui ont proſpéré. On eſt étonné qu'un tel écrivain, que ce même Scioppius ait reçu des brefs des papes, des lettres honorables de pluſieurs ſouverains; qu'on l'ait fait patrice de Rome, chevalier de ſaint Pierre, conſeiller de l'empereur, du roi d'Eſpagne & de l'archiduc, & qu'il ait été comte Palatin & comte de Claravalle.

MALHERBE,
AVEC
DIFFÉRENS AUTEURS.

Enfin Malherbe vint ; & , le premier en France,
Fit sentir dans les vers une juste cadence ,
D'un mot mis en sa place enseigna le pouvoir,
Et réduisit la muse aux règles du devoir , &c.

CE jugement, & la belle ode de Rousseau adressée à cet écrivain, décident sa réputation. On le regarde comme le père de la poësie Françoise, par les heureux changemens qu'il y apporta. Ses ouvrages servent encore de modèle. Il réforma notre langue, & lui donna plus de grace & de majesté. Nous avons de lui très-peu de poësies. Il perfectionnoit tout, & travailloit avec une lenteur prodigieuse. On comparoit sa muse à une belle femme dans les douleurs de l'enfantement. Il se glorifioit de cette lenteur, & disoit qu'*après avoir fait un poëme de cent vers, ou un discours de trois feuilles, il falloit se reposer dix* ans tout entiers. Il ne put rien présenter de mieux au cardinal de Richelieu, parvenu au ministère, que deux stances composées trente ans auparavant, en y changeant quatre vers, pour les accommoder au sujet. Il s'en falloit bien qu'il eût, dans le commerce de la vie, ce flègme qu'il apportoit dans la composition : c'étoit la violence même. Ni la réflexion, ni l'âge, ne purent le corriger. L'humeur le dominoit absolument. Il faisoit des incartades à tout le monde. On raconte que les pauvres se plaisoient à lui demander souvent l'aumône, l'assurant qu'ils prieroient dieu pour lui. Malherbe ne manquoit jamais de leur répondre qu'il ne les croyoit pas en grande faveur dans le ciel, attendu que dieu les abandonnoit dans ce monde ; & qu'il aimeroit mieux que M. de Luynes, ou quelque autre favori, lui eût tenu ce langage. Malgré ce caractère malheureux, il n'eut que trois démêlés remarquables.

Le premier fut avec son élève en poësie, & son bon ami Racan. Ils se brouillèrent au point d'être plusieurs années sans se voir. La dispute vint de quelques vers mal récités. Tel en fait d'excellens, qui sçait à peine les lire : Malherbe étoit dans ce cas. On l'appelloit l'anti Mondori, par allusion à Mondori, le plus fameux comédien de son temps. Il aimoit à débiter ses productions, & s'en acquittoit si mal, que personne ne l'entendoit. Une extrême difficulté de langue, & la foiblesse de sa voix, gâtoient totalement sa prononciation. Il falloit qu'il crachât cinq ou six fois, en récitant une stance de quatre vers. Aussi le cavalier Marin disoit-il de Malherbe : » Je » n'ai jamais vu d'homme plus hu- » mide, ni de poëte plus sec. « Celui-ci ne convenoit d'aucun de ces défauts. Venant de finir une ode, il courut la lire à Racan, excellent juge en cette matière, & d'ailleurs son ami. La lecture achevée, il demande bien vîte à Racan ce qu'il pense de l'ouvrage. Racan refuse d'abord de porter son jugement. Pressé de dire sa pensée, il avoue de bonne foi qu'il n'a presque rien entendu : *Vous avez au moins*, dit-il à son ami, *mangé la moitié des vers*. C'étoit la plus grande injure qu'on pût faire à Malherbe. Il entre en fureur. *Morbleu!* répondit-il, *si vous me fâchez, je les mangerai tous. Ils sont à moi, puisque je les ai faits. J'en puis faire ce que je voudrai.* Racan lui réplique vivement. De paroles en paroles, ils en viennent aux injures, aux menaces, & ne préviennent les coups, qu'en se quittant brusquement, pour ne se revoir de long-temps.

La seconde querelle de Malherbe fut avec un jeune homme de la plus grande condition dans la robe. Cet enfant de Thémis vouloit aussi l'être d'Apollon. Il avoit composé quelques mauvais vers, qu'il croyoit excellens. L'envie de s'attirer l'estime de Malherbe, & d'avoir son suffrage, fit qu'il voulut le consulter sur sa pièce. Le jeune homme avoit la plus grande opinion de la poësie, & Malherbe n'en faisoit aucun cas. Poëte, il méprisoit son art, & traitoit la rime de puérilité. Lorsqu'on venoit se plaindre à lui, comme au prince des poëtes, du peu d'égard qu'on avoit pour eux, qu'on lui disoit qu'il n'y avoit de récompense que pour les militaires ou pour les financiers, il répondoit: *Rien de plus juste que cette conduite. Faire au-*

G iv

trement, ce seroit une sottise. La poësie ne doit pas être un métier ; elle n'est faite que pour nous procurer de l'amusement, & ne mérite aucune récompense. Il ajoutoit qu'un bon poëte n'est pas plus utile à l'état qu'un bon joueur de quilles. Les jeunes gens, qui vouloient courir la même carrière que lui, étoient bien loin de trouver dans ce puissant athlète un père, un guide qui les encourageât. Malgré cette prévention extrême, il prit sur lui de faire des politesses au jeune magistrat, & d'entendre ses vers.

Malherbe en écoute la lecture avec le plus de patience qu'il peut : mais elle l'abandonne bientôt. Des expressions dures & forcées, des contresens, des épithètes sans nombre, la raison sacrifiée le plus souvent à la rime, le mettent hors de lui. Dans un mouvement d'indignation, il se lève, fait des gestes convulsifs, & demande à l'auteur s'il avoit eu l'alternative de faire ces vers, ou d'être pendu. *A moins de cela*, ajouta-t-il, *vous ne devez pas exposer votre réputation, en produisant une pièce si ridicule.* Le jeune magistrat, au lieu de le remercier, prit mal la chose. On se fâche de part & d'autre, on se dit de très-grandes duretés. Ils se quittent ennemis jurés, Malherbe plein de mépris pour le magistrat, & le magistrat ne se possédant point dans son dépit contre Malherbe.

La troisième dispute de ce poëte, vraiment poëte, vint au sujet de ses parens. Malherbe les abhorroit tous. Il plaida toute sa vie avec eux. Il eut voulu voir au tombeau sa famille entière. C'est ce qu'il n'eut pas honte de publier dans une épitaphe qu'il composa sur un de ses oncles ou cousins, nommé d'Is, dont il étoit héritier :

> Ici gît le bon monsieur d'Is,
> Plût or à dieu qu'ils fussent dix !
> Mes trois sœurs, mon père & ma mère,
> Le grand Eléasar mon frère,
> Mes trois tantes, & monsieur d'Is :
> Vous les nommé-je pas tous dix ?

Un célèbre écrivain, de ses amis & de ses admirateurs, veut lui représenter l'indignité de cette conduite. Malherbe s'en offense, & proteste qu'il ne reviendra jamais de son aversion pour sa famille. L'ami persiste à vouloir qu'il dépose cette haine. Ne plaiderez-vous jamais, lui dit-il, qu'avec vos parens ? *Avec qui donc*, répond Malherbe, *voulez-vous que je plaide ? Avec les Turcs & les Moscovites, qui ne me disputent rien ?* La conversation s'échauffe. Elle alloit avoir des suites fâcheuses, lorsqu'un ami commun arrive, & les appaise tous deux.

On raconte bien des particularités sur Malherbe. Il n'avoit de la considération que pour l'argent. Il dégradoit sa poésie, par l'indigne emploi qu'il en faisoit. Aussi disoit-on qu'il demandoit l'aumône, le sonnet à la main. Faute de chaises, il ne recevoit les personnes qui venoient le voir, que les unes après les autres. Il fermoit souvent la porte de sa chambre, & crioit à ceux qui heurtoient : *Attendez, il n'y a plus de chaises.* Son indécence, lorsqu'il parloit des femmes, étoit extrême. Rien ne l'affligeoit plus dans sa vieillesse, que de n'avoir pas les mêmes talens qui l'avoient fait rechercher d'elles autrefois. Il dit, un jour, au duc de Bellegarde : *Vous faites bien le galant & l'amoureux des belles dames: lisez-vous encore à livre ouvert ?* expression qu'il employoit souvent, pour demander si l'on étoit encore en état de leur plaire. Le duc lui répondit qu'oui. Malherbe lui repliqua : *Parbleu ! monsieur, j'aimerois mieux vous ressembler en cela, qu'en votre duché-pairie.* Jamais sa langue ne put se refuser à un bon mot. Ayant un jour dîné chez l'archevêque de Rouen, il s'endormit après le repas. Le prélat le réveille, pour le mener à un sermon qu'il devoit prêcher : *Dispensez-m'en, s'il vous plaît*, lui dit Malherbe, *je dormirai bien sans cela.* Ce poëte à saillies ne respectoit guère la religion. *Les honnêtes gens*, disoit-il, *n'en ont point d'autre que celle de leur prince.* Un de ses amis, ayant été le voir, un samedi lendemain de la Chandeleur, à huit heures du matin, il le trouva mangeant du jambon. *Ah ! monsieur*, lui dit cet ami, *la Vierge n'est plus en couche, elle est relevée. Oh !* répondit Malherbe, *les dames ne se lèvent point si matin.* Il refusoit de se confesser dans sa dernière maladie, par la raison qu'il n'avoit accoutumé de le faire qu'à Pâques. Une heure avant que de mourir, il reprit sa garde d'un mot qui n'étoit pas bien François. On ajoute que, son confesseur lui représentant le bonheur de l'autre vie avec des expressions basses & peu correctes, Malherbe l'interrompit, en lui disant: *Ne m'en parlez plus, votre mauvais stile m'en dégoûteroit.* Il mourut en 1628. Il avoit été marié. Tous ses enfans moururent avant lui. Un d'eux, ayant été tué en duel par un jeune gentilhomme Provençal, nommé de Piles, il en fut au désespoir. A l'âge de soixante-treize ans, il voulut se battre contre de Piles. Ses amis lui représentant que la partie n'étoit pas égale entre un vieillard & un jeune homme, il leur répondit: *C'est pour cela que je veux me battre. Je ne hasarde qu'un denier contre une pistole.* Il fit élever un mausolée à son fils, de l'argent qu'il consentit de prendre afin de ne pas poursuivre de Piles. Malherbe étoit de Caën. Son compatriote, & son admirateur Ségrais, fit exécuter, en pierre, sa statue plus grande que le naturel, & graver sous un marbre noir ces quatre vers:

Malherbe, de la France éternel ornement,
 Pour rendre hommage à ta mémoire,
 Ségrais, enchanté de ta gloire,
 Te consacre ce monument.

LOUISE LABBÉ,

ET

CLÉMENCE DE BOURGES.

C'étoient les deux Saphos du seizième siècle. Elles lui ressembloient par la beauté du génie, par leur talent de faire des vers enjoués, délicats & faciles, & par le dérèglement de leur conduite. Il n'arrive que trop souvent aux femmes qui donnent dans le bel-esprit, & qui veulent s'élever au-dessus des préjugés, de finir par braver toutes les bienséances, & par n'avoir aucune considération dans le public. Louise Labbé, sur-tout, étoit décriée pour ses mœurs. On l'appelloit la belle cordière, parce qu'elle avoit épousé un cordier. Elle étoit de Lyon, & recherchée de ce qu'il y avoit d'honnêtes gens dans la ville, à cause de son esprit & de sa figure. Sa maison étoit le temple des muses & de la volupté. Tous les goûts, tous les arts y étoient bien reçus, la poésie, la mu-

fique, la peinture. A son ardeur pour les plaisirs, la belle courtisane Lyonnoise joignoit un amour pour les vertus les plus héroïques. Elle avoit une ame d'une trempe singulière. C'étoit la Ninon l'Enclos de son temps, mais avec plus de talent & moins de retenue. On la connoissoit encore à Lyon sous le nom de *capitaine* Loys: c'est qu'elle montoit à cheval mieux qu'aucun gentilhomme. Duverdier parle en ces termes de cette femme cavalière, poëte, musicienne & débauchée:
» C'étoit chez elle lecture de bons
» livres Latins & vulgaires, Italiens
» & Espagnols, dont son cabinet étoit
» copieusement garni; collation d'ex-
» quises confitures..... enfin leur
» communiquoit privement les piè-
» ces les plus secrettes qu'elle eut,
» &, pour dire en un mot, faisoit
» part de son corps à ceux qui son-
» çoient; non toutefois à tous, & nul-
» lement à gens méchaniques & de
» vile condition, quelque argent que
» ceux-là eussent voulu lui donner.
» Elle aima les sçavans hommes sur-
» tout, les favorisant de telle sorte,
» que ceux de sa connoissance avoient

» la meilleure part en sa bonne grace,
» & les eut préférés à quelconque
» grand seigneur, & fait courtoisie à
» l'un plutôt *gratis*, qu'à l'autre pour
» grand nombre d'écus : qui est con-
» tre la coutume de celles de son
» métier & qualité (*). «

Louise Labbé vivoit dans la plus grande union avec Clémence de Bourges. Mêmes goûts, mêmes rapports de caractère & d'humeur. Point de secrets qu'elles ne se communiquassent, de confidences qu'elles ne se fissent. Elles se consultoient sur leurs ouvrages, sur les vers que l'amour ou l'amitié leur inspiroit. On les citoit pour un exemple d'union sincère entre femmes : mais la jalousie rompit ces beaux nœuds. L'une trahit l'autre, & lui enleva son amant. Elles devinrent ennemies mortelles.

(*) Au sujet de cette réflexion de Duverdier, un autre écrivain fait la suivante : Si la courtisane Laïs eut ressemblé à la belle Lyonnoise, Démosthène n'eut pas fait inutilement le voyage de Corinthe, ni éprouvé,

Qu'à tels festins, un auteur, comme un sot,
A prix d'argent doit payer son écot.

Cet amant étoit sous l'empire de Clémence de Bourges. Elle faisoit gloire de l'avoir. Pleine de sa conquête, elle communique à son amie des vers qu'elle avoit composés pour lui; vers où l'on lui accordoit toutes les belles qualités. Sur ce portrait, Louise Labbé devient éperdument amoureuse. Elle fait à son tour des vers charmans, qu'elle envoie à l'objet dont elle est éprise. Elle lui demande un entretien, pour lui donner les dernières marques de tendresse. La déclaration eut son effet. L'amant de Clémence de Bourges la trahit. Il ne fut pas difficile à son amie, après avoir fait cette conquête, de se la conserver. La belle cordière eût fixé le cœur le plus inconstant. Au talent de rendre en vers l'amour & ses fureurs avec toute la vérité possible, elle joignoit celui de chanter admirablement & de jouer du luth. Sa conversation étoit instructive autant qu'amusante. Un engagement avec une telle femme ne pouvoit être que flatteur. Sa muse donnoit l'immortalité. Le peu de vers qui nous restent d'elle sont plus originaux que tout ce que nous avons des La Suse & des Deshoulières. Dans ceux qu'elle adresse aux dames de Lyon, & dans lesquels elle ne rougit pas de faire l'aveu de toutes ses foiblesses, quel ton! quelle gaité! que de graces! quelle naïveté! Je ne connois point, dit-elle, l'avarice, la médisance, l'humeur, la tracasserie, le mensonge. Ma seule passion est l'amour. Ce dieu est tout entier dans mes veines. Il m'embrase d'un feu qui ne peut s'éteindre. Les plus hautes pyramides tombent, les fontaines tarissent, les villes & les empires ont un terme ; le feu même d'amour, quelque violent qu'il soit dans les autres, ne tient pas contre les années :

Mais, las! en moi il semble qu'il s'augmente
Avec le temps, & que plus me tourmente.

Elle implore ensuite l'Amour, pour qu'il daigne, au moins, lui faire partager ses feux, & qu'il mette dans le cœur de son nouvel amant autant ou plus, s'il est possible, d'ardeur pour son amante, qu'elle en ressent pour lui:

Ah! si tu veux que j'aime jusqu'au bout,
Fais que celui que j'estime mon tout,
Qui seul me peut faire plorer & rire,

Sente en ſes os, en ſon ſang, en ſon ame;
Ou plus ardente, ou plus égale flamme.
Alors ton faix plus aiſé me ſera,
Quand avec moi quelqu'un le portera.

Clémence de Bourges ne fut pas longtemps à s'appercevoir de l'infidélité de celui qu'elle adoroit. Elle veut le ramener. Ne pouvant y réuſſir, elle éclate contre ſa rivale, & l'accable de reproches. Elle avoit juſques-là mis ſa gloire à contribuer à celle de Louiſe Labbé, à vanter ſes ouvrages : mais, dès ce moment, elle ferma les yeux à toutes leurs beautés ; elle n'y vit que d'horribles défauts. Elle fit une critique ſanglante de tout ce qu'auparavant elle avoit admiré le plus. Elle n'épargna pas même ce charmant dialogue en proſe, intitulé *Débat de Folie & d'Amour*. Rien de plus ingénieux que cette fiction. C'eſt la Folie & l'Amour qui prennent querelle au ſujet du pas de préſéance. L'Amour, déſeſpérant de l'obtenir, décoche une flèche à la Folie. Elle l'évite, en ſe rendant inviſible. Mais, un moment après, elle ſe venge ſur l'Amour, lui arrache les yeux, & lui couvre la place d'un ban-

deau qui ne peut être ôté. Vénus se plaint à Jupiter de la Folie. Le maître des dieux veut entendre les deux parties intéressées. Cette cause est plaidée en sa présence. Apollon est l'avocat de l'Amour, & Mercure celui de la Folie. L'affaire bien discutée, Jupiter prend l'avis des dieux, & prononce ainsi : » Pour la difficulté & im-
» portance de vos différends & diver-
» sité d'opinions, Nous avons remis
» votre affaire d'ici à trois fois sept
» fois neuf siècles. Et cependant vous
» commandons vivre amiablement
» ensemble, sans vous outrager l'un
» l'autre. Et guidera Folie l'aveugle
» Amour, & le conduira par tout où
» bon lui semblera ; &, sur la restitu-
» tion de ses yeux, après en avoir
» parlé aux Parques, en sera ordon-
» né. «

Clémence de Bourges mêla dans toutes ses critiques beaucoup de personnalités. Elle appuyoit sur les principaux traits de la vie de sa rivale, & la mettoit au-dessous des plus célèbres courtisanes, les Laïs, les Phrynès. Mais comment la belle cordière, surnommée la dixième muse, à plus juste titre que tant d'autres femmes auxquelles on a prodigué ce nom, répondit-elle à la satyre ? En s'en moquant, en bravant le public & son ennemie, en continuant à jouir de sa conquête, en conjurant l'amour de la laisser égarer & de servir ses goûts & ses caprices:

> Permets, m'amour, penser quelque folie,
> Toujours suis mal vivant discrettement;
> Et ne me puis donner contentement,
> Si, hors de moi, ne fais quelque saillie.

RACAN,
ET
MARIE DE JARS DE GOURNAI.

Cette sçavante fille étoit d'un caractère tout opposé à celui de la belle & célèbre Lyonnoise. Jamais les ris ni les graces ne déridèrent le front de mademoiselle de Gournai. Elle ne voulut point aller à la célébrité par les talens agréables. C'étoit une prude, une femme philosophe. Les liens du mariage lui parurent contraires à son systéme d'indépendance & de sagesse. Elle s'adonna toute entière à l'étude, mais à l'étude des livres sérieux. Ceux de raisonnement & de morale furent principalement de son goût. Elle n'a guère écrit que dans celui de Sénèque & de Montaigne. L'admiration qu'elle avoit pour ce dernier, l'envie de le voir & de s'instruire, lui firent entreprendre le voyage de la capitale où il étoit alors. A peine y fut-elle qu'elle se lia avec lui. Montaigne, cet homme unique pour dire naïvement & fortement des choses neuves & qui restent dans la mémoire, flatté de la préférence exclusive qu'une Minerve nouvelle donnoit à ses *Essais*, la combla d'éloges. Il la fit *héritière de ses études*, la nomma sa *fille d'alliance*. La véritable fille de Montaigne, madame la vicomtesse de Gamaches, donnoit le nom de sœur à mademoiselle de Gournai.

Toutes les langues sçavantes lui furent familières. Elle écrivit dans la sienne mieux qu'aucune femme de son temps. Son stile seroit encore supportable, s'il étoit moins chargé de vieux mots. Lorsque MM. de l'académie voulurent épurer la langue de tous les termes hors d'usage, mademoiselle de Gournai cria beaucoup contre cette réformation. Elle tenoit pour l'ancien temps, pour les compilations & les longs commentaires, pour la solitude & l'austère raison. Malgré ce caractère, elle étoit vive, impétueuse & vindicative. Née Gascone, elle avoit toute l'imagination & tout le feu de son pays. Montaigne étant mort, mademoiselle de Gournai tourna toutes ses affections du côté de Racan.

Honorat de Beuil, marquis de Racan, étoit alors en grande réputation. Ainsi que Mainard, c'est un élève de Malherbe. Despréaux fait un grand éloge de Racan. Cet auteur a réussi dans la poësie sublime, comme dans la poësie simple & naturelle. Ses *Bergeries*, pastorale divisée en cinq actes, & ses *Odes sacrées* ou paraphrases des pseaumes de David, lui firent beaucoup d'honneur. L'envie de connoître un poëte de ce mérite, & si capable de prôner celui des autres, ne quittoit point mademoiselle de Gournai. Elle prit des arrangemens pour s'en procurer une visite. Le jour & l'heure où il viendroit la voir furent arrêtés.

Deux amis de Racan, l'ayant sçu, résolurent de se donner un divertissement qui pensa devenir tragique. Ecoutons là-dessus Ménage. » Un de
» ces messieurs, dit-il, prévint d'une
» heure ou deux celle du rendez-vous,
» & fit dire que c'étoit Racan qui de-
» mandoit à voir mademoiselle de
» Gournai. Dieu sçait comme il fut
» reçu! Il parla fort à mademoiselle
» de Gournai des ouvrages qu'elle
» avoit fait imprimer, & qu'il avoit
» étudiés exprès. Enfin, après un
» quart-d'heure de conversation, il
» sortit, & laissa mademoiselle de
» Gournai fort satisfaite d'avoir vu
» M. de Racan. A peine étoit-il à
» trois pas de chez elle, qu'on vint
» lui annoncer un autre M. de Racan.
» Elle crut d'abord que c'étoit le pre-
» mier qui avoit oublié quelque chose
» à lui dire & qui remontoit. Elle se
» préparoit à lui faire un compliment
» là-dessus, lorsque l'autre entra, &
» fit le sien. Mademoiselle de Gour-
» nai ne put s'empêcher de lui de-
» mander plusieurs fois s'il étoit vé-
» ritablement M. de Racan, & lui

» raconta ce qui venoit de se passer.
» Le prétendu Racan fit fort le fâché
» de la pièce qu'on lui avoit jouée, &
» jura qu'il s'en vengeroit. Bref, ma-
» demoiselle de Gournai fut encore
» plus contente de celui-ci, qu'elle
» ne l'avoit été de l'autre, parce qu'il
» la loua davantage. Enfin il passa
» chez elle pour le véritable Racan,
» & l'autre, pour un Racan de con-
» trebande. Il ne faisoit que de sor-
» tir, lorsque M. de Racan, en ori-
» ginal, demanda à parler à made-
» moiselle de Gournai. Sitôt qu'elle
» le sçut, elle perdit patience : Quoi !
» encore des Racans, dit-elle ? Néan-
» moins on le fit entrer. Mademoiselle
» de Gournai le prit sur un ton fort
» haut, & lui demanda s'il venoit
» pour l'insulter. M. de Racan, qui
» d'ailleurs n'étoit pas trop ferré par-
» leur, & qui s'attendoit à une autre
» réception, en fut si étonné, qu'il
» ne put répondre qu'en balbutiant.
» Mademoiselle de Gournai, qui étoit
» violente, se persuada tout de bon
» que c'étoit un homme envoyé pour
» la jouer ; &, défaisant sa pantoufle,
» elle le chargea à grands coups de
» mule,

ɛт Mlle. DE GOURNAI. 169
» mule, & l'obligea de se sauver. «

Ménage ajoute que Boisrobert racontoit cette scène à quiconque vouloit l'entendre, & qu'il en plaisantoit même en présence de Racan. Lorsqu'on demandoit à Racan si cela étoit vrai : *Oui dd*, disoit-il, *il en est quelque chose.*

Depuis cette aventure, il n'eut pas envie de revoir Mlle. de Gournai. Néanmoins elle le rechercha encore : mais il la mortifioit dans toutes les occasions. Un jour elle lui fait une visite, & lui montre des épigrammes de sa composition. Comment les trouvez-vous, lui dit-elle ? *Sans aucun sens & sans pointe*, répond Racan. Et qu'importe, reprend-elle, *ce sont des épigrammes à la Grecque.* Deux jours après, ils se trouvent à dîner ensemble : on servit un mauvais potage. Mademoiselle de Gournai, se tournant du côté de Racan, lui dit : Voilà une méchante soupe. *Mademoiselle*, repartit aussitôt Racan, *c'est une soupe à la Grecque.*

Cette sçavante eut beaucoup d'ennemis. Ils n'oublièrent rien pour la rendre non seulement ridicule, mais

Tome I. H

odieuse au public. Il se trouve encore un monument de leur haine, intitulé *le Remerciment des Beurrières*. On l'y appelle *orgueilleuse, laide, acariâtre, coureuse, débauchée, pucelle de cinquante-cinq ans, fille de joie*. Elle présenta requête au lieutenant criminel, pour faire arrêter le cours de ce libèle. Quelqu'un la rencontra, comme elle alloit chez ce magistrat, & le dit au cardinal du Perron. *Oh! pour cela*, répondit du Perron, *je crois que le lieutenant n'ordonnera pas qu'on la prenne au corps. Il s'en trouveroit fort peu qui voudroient prendre cette peine ; &, pour ce qui est dit qu'elle a servi le public, ç'a été si particulièrement, qu'on n'en parle que par conjecture. Il faut seulement que, pour faire croire le contraire, elle se fasse peindre devant son livre.*

Mademoiselle de Gournai est morte en 1645, à l'âge de quatre-vingt ans, estimée des sçavans & des beaux esprits de son siècle. Quelques-uns lui donnèrent le nom de *muse* & de *syrène Françoise*. Mais le chant de cette syrène ne séduisit pas long-temps. On ne la lut point après sa mort. Il n'en fut pas ainsi de Racan. Il survêcut à lui-même.

Il a des vers heureux, tels que ces trois, en parlant de la grandeur de dieu:

Il voit, comme fourmis, marcher nos légions
Sur ce petit amas de poussière & de boue,
Dont notre vanité fait tant de régions.

MONTMAUR,
AVEC
tout le PARNASSE Latin & François.

BAILE dit qu'à l'occasion de cette dispute, on en vint à convoquer l'arrière-ban de la république des lettres. Ce déchaînement universel contre Montmaur eut plusieurs causes. Il avoit mené, dans sa jeunesse, une vie errante & malheureuse. L'envie de parvenir & d'être connu, lui fit essayer de plusieurs états. Il fut successivement régent de collège, charlatan, vendeur de drogues à Avignon, poëte, avocat, & professeur royal à Paris, en langue Grecque. Il n'est point de sciences dans lesquelles il ne se prétendit versé. Il bavardoit sur tous les sujets. Les anagrammes & les jeux de mots lui plaisoient singulièrement. Un mauvais cœur, un esprit caustique, une mémoire chargée d'anecdotes scandaleuses contre les auteurs morts & vivans; ses épigrammes & sa réputation d'homme à bons mots; son avarice sordide, quoiqu'il eut amassé, par toutes sortes de voies, des biens considérables; sa fureur de primer partout; sa profession de parasite: voilà ce qui le rendit l'objet de la haine, ou le sujet des plaisanteries des auteurs. Despréaux a fait mention de lui:

> Tandis que Pelletier, crotté jusqu'à l'échine,
> S'en va chercher son pain de cuisine en cuisine,
> Sçavant en ce métier, si cher aux beaux-esprits,
> Dont Montmaur autrefois fit leçon dans Paris.

Tous ces défauts, dans Montmaur, étoient rachetés par quelques bonnes qualités. Il ne faut point s'en rapporter totalement à ce déluge d'écrits publiés contre sa personne. Il avoit de l'esprit, de la vivacité, mais point de goût; une mémoire prodigieuse, mais aucune invention; une immense littérature Grecque & Latine, mais qu'il ne tourna point au profit de notre langue. Son érudition lui fit donner entrée dans plusieurs grandes maisons de Paris.

Tous les écrivains le détestoient : mais aucun n'osoit encore rompre des lances avec lui. Il fallut que Ménage donnât le signal de la guerre, en publiant en Latin la vie de Montmaur. L'auteur, à la fin de l'ouvrage, exhortoit, par une satyre de cinq cent vers, tous les sçavans à prendre les armes, à se réunir contre un ennemi commun. Plusieurs, à la voix de Ménage, se joigniren ent effet à lui ; d'autres, ne voulant pas combattre ouvertement, se contentèrent de publier des libèles anonymes. Le plus grand nombre lui fit parvenir des épigrammes, des chansons, des couplets, toutes sortes d'écrits satyriques & scandaleux. Ces différentes pièces, soit en prose, soit en vers, servirent de supplément à ce qu'avoit déjà donné Ménage. Ce fut autant de batteries dressées pour foudroyer l'objet de la tetreur générale.

On crut y réussir en métamorphosant le professeur royal, grand parleur, en perroquet, qui toujours cause & dit

H iij

des sottises. On représenta encore ce fameux parasite logé mesquinement, & fort au haut au collège de Boncour, afin de pouvoir observer la fumée des meilleures cuisines de la ville. On fit mention du cheval avec lequel il alloit dans un même jour dîner rapidement dans différentes maisons. On le voit, dans une estampe, monté sur ce cheval étique, & couvert d'une grande housse, après lequel les chiens aboient. Il pique des deux, & regarde fixement un cadran d'horloge dont l'aiguille est sur le midi. Au bas du portrait, on lit ces vers (*) :

> En voyant l'heure de midi,
> Dévoré d'une faim cruelle,
> Pourroit-il rester engourdi
> Sur sa méchante haridelle ?

Ce sont les seules bornes de plaisanterie dans lesquelles on se renferma. Tout le reste est un tissu d'atrocités. Ménage lui-même sentit qu'il avoit été trop loin, qu'il est des égards

---

(*) *Scilicet esuriens duodenam suspicit horam.*
Parceret, heu ! tardo num parasitus equo ?

dus au public. Il s'excusa sur ce qu'en rapportant des particularités sur Montmaur, il avoit moins prétendu le peindre réellement, que s'amuser.

Le peu d'amis qu'avoit ce professeur royal lui conseillèrent de repousser les traits satyriques lancés contre lui. On le pressoit de mettre en usage son talent pour la médisance, & de faire, au milieu des repas, des contes sur ses confrères les auteurs. On l'exhortoit à donner au public quelqu'une de ces histoires scandaleuses qu'il sçavoit sur le chapitre de Ménage, & qu'il se bornoit à débiter dans ses sociétés particulières. Mais le professeur Montmaur, aussi paresseux que caustique, lorsqu'il n'étoit point question de repas & de bonne chère, ne voulut point se donner la peine de réfuter des libèles par d'autres libèles. En récompense, sa langue le vengeoit de tout ; elle suppléoit à son indifférence pour l'impression. Il s'égayoit sur le compte de ses ennemis, & les déchiroit dans ses discours. Ses méchancetés & ses reparties circuloient dans la ville : *Que m'importe*, disoit-il, *cette métamorphose en perroquet ! Man-*

quai-je de vin pour me réjouir, & de bec pour me défendre. Il n'est pas étonnant qu'un grand parleur comme Ménage ait fait un bon perroquet. Cette antipathie entre Ménage & Montmaur venoit d'un fonds mutuel d'amour-propre. Chacun avoit beaucoup de prétentions & les mêmes défauts, se plaisoit à conter longuement, à faire parade d'érudition. Ménage ne finissoit point toutes les fois qu'il se mettoit à citer des vers Grecs, Latins, Italiens & François. Pour le voir devenir triste & rêveur, il suffisoit qu'il se trouvât en présence de Montmaur. Celui-ci l'emportoit alors, & brilloit davantage dans un cercle de sçavans.

Les inclinations basses du parasite, & son ton avantageux, choquèrent aussi Balsac. Cet écrivain sublime & empesé quitta sa gravité pour courir au secours de Ménage. Balsac ne craignit point de se compromettre en livrant combat à un homme dont il n'étoit pas bien glorieux pour lui de triompher. *Il servit*, en cette occasion, suivant la remarque de Baile, *dans l'infanterie & dans la cavalerie* ; c'est-à-dire, qu'il composa des pièces satyriques tant en vers qu'en profe. Les vers prouvent ce qu'il fçavoit faire, infpiré par la haine & la vengeance. Ils font adreffés à un de fes amis, qui réuffiffoit auffi bien que lui dans la poëfie Latine, & qu'il preffe de lancer à fon tour des traits contre Montmaur (*):

> Tu chantas les héros ; aujourd'hui l'on t'invite
> A choifir pour fujet un odieux Therfite,
> D'un efprit auffi bas que fon extérieur,
> Organe des forfaits, fléau de la pudeur.
>   Que ta mufe s'apprête
>   A punir cette *malebête*.

Balfac, quittant le ftile de libèle, voulut prendre le ftile léger & bouffon : mais il ne fit rire qu'à fes dépens. Il donna le *Barbon*, plaifanterie mauffade, & dont tout le fel confifte dans quelques infipides defcriptions de la pédanterie. Pouvoit-on attendre autre chofe d'un écrivain ennuyeux & bour-

---

(*) *Nec folum tibi femidei dicantur. At ipfe Therfites, ipfe antiquo qu*☙ *Elas Homero, Ore animoque canis ; pridem cui fenfus honefti eft, Extinctufque in fronte pudor. Fœdiffima longas Beftia det pœnas.*

H v

fouflé, petit pour vouloir être toujours grand, & qui n'étoit pas plus fait pour le genre comique, que Scarron pour le genre férieux.

L'exemple de Balfac, & fes exhortations continuelles aux autres écrivains, pour augmenter le nombre des combattans, en déterminèrent plufieurs à le faire. On agit de concert; on tomba de tous côtés fur Montmaur. On vit briller, dans cette attaque générale, Feramus, un des plus élégans & des plus agréables latinistes de fon temps; Sarrafin, ce père de l'enjouement & de la bonne plaifanterie, à qui les vers ne coûtoient aucune peine; toujours intéreffant, quelque fujet qu'il traite, également recherché de fon vivant des femmes, des gens de lettres & de cour; Charles Vion d'Alibrai dont les poëfies ont un tour original & naïf. Il fit une épigramme en forme de dialogue, entre un poëte & fon confeffeur. Le nom de Montmaur y eft déguifé fous celui de Gomor.

LE POETE.

Révérend père confeffeur,
J'ai fait des vers de médifance.

LE CONFESSEUR.

Contre qui ?

LE POETE.

Contre un profeſſeur.

LE CONFESSEUR.

La perſonne eſt de conſéquence.
Contre qui donc ?

LE POETE.

Contre Gomor.

LE CONFESSEUR.

Achevez le *confiteor.*

Montmaur ne fut point encore effrayé de cette légion d'ennemis. Preſque ſeul contre tous, il ne leur oppoſa jamais que des ſaillies & de bons mots. Il ne fit rien imprimer. Il continua d'amuſer à table. Il diſoit aux perſonnes auſquelles il demandoit à dîner, *Fourniſſez les viandes & le vin, & moi je fournirai le ſel.* Il avoit une de ces imaginations qui, pour être remuées, ont beſoin de la préſence des objets, & qui ſe refroidiſſent dans le ſilence du cabinet & dans la lenteur de la compoſition.

L'indifférence de ce grand parleur à publier des libèles en réponſe à ceux qu'on multiplioit contre lui, fit qu'on eut recours à d'autres armes. On imagina de le prendre par son foible, de le mortifier par l'endroit qui lui seroit le plus sensible ; c'est-à-dire, de l'empêcher de parler. On s'arrangea conséquemment. Quelques beaux esprits, jaloux de tenir eux mêmes le dé dans la conversation, arrêtèrent qu'ils déconcerteroient Montmaur, quelque part qu'ils le trouvassent ; qu'aussitôt qu'il ouvriroit la bouche, ils l'obligeroient à la fermer. Ayant sçu qu'il devoit venir dîner chez M. le président de Mesme, un jour qu'ils étoient également invités, ils profitent de cette occasion. Ils se rendent des premiers à la maison du président, & mettent la conversation sur Montmaur. On en disoit les choses les plus singulières, lorsqu'il arrive & qu'on l'annonce. Pour l'empêcher de s'emparer de la conversation, un certain avocat, clef de meute, s'écrie aussitôt, *guerre, guerre*. Cet avocat étoit fils d'un huissier. Montmaur lui répond, *Que vous dégénérez ! Votre père ne fait que crier, paix-là paix-là.* L'avocat ne dit plus rien Une autre fois, un grand nombre de sçavans ayant entamé exprès une dispute très-vive au milieu d'un repas, pour qu'on ne fît aucune attention à ce qu'il diroit, Montmaur leur cria, en frappant sur la table: *Paix donc, messieurs; on ne sçait ce qu'on mange.* C'est ainsi qu'il sçavoit se tirer d'affaire & mettre les rieurs de son côté. On ne parvint à le mortifier véritablement, que dans une occasion où sa mémoire fut en défaut. Il avoit dit d'un ton de maître, au milieu d'une compagnie nombreuse & choisie, qu'on trouveroit telle chose dans tels & tels auteurs. On apporta les livres, & tout ce qu'il avoit avancé se trouva faux.

Les ennemis de Montmaur, ne sçachant quelle autre voie employer, le trouvant toujours inaccessible à leurs traits, eurent recours à la vengeance des lâches. Ils le chargèrent des plus affreuses accusations. Non contens d'avoir attaqué sa naissance, sa probité, ses mœurs, ils le dénoncèrent comme assassin. Un portier du collège de Boncour fut tué. On accusa Montmaur de l'avoir assommé d'un coup de buche. Il fut mis en prison. Cette histoire occasionna mille couplets. On y conjuroit la juſtice de ne pas laiſſer échapper ſa proie, ne fût-ce que pour délivrer la France du fléau qui l'affamoit.

> Tous ſes compagnons de cuiſine,
> Et ceux qui craignent la famine,
> S'oppoſent à ſa liberté ;
> Criant partout que ſa préſence
> Sans doute affamera la France,
> Et qu'elle a cauſé la cherté.

A peine Montmaur eſt-il relâché, & lavé pleinement de ce ſoupçon de meurtre, qu'on invente d'autres horreurs. On ajoute aux accuſations de bâtardiſe, d'aſſaſſinat & de faux, celle du plus infâme de tous les crimes. On oſa mettre en vers ces idées abominables, & les préſenter au public.

Montmaur étoit ſi décrié qu'on ne le déſignoit plus que par les noms de *cuiſtre*, de *chercheur de lipée*, de *ſycophante*, de *mallebête*, de *loup*, de *porc*, de *tonneau*. Le préſident Couſin, Vigneul-Marville & le P. Vavaſſeur ont fait ſentir toute l'indécence de ces expreſſions. Combien de chagrins ſe fût épargné Montmaur, s'il eût voulu retenir ſa langue & ne pas ſuccomber à la tentation qu'ont ſouvent les plus minces auteurs de s'ériger en Lucien de leur siècle ?

BALZAC,
ET
LE PÈRE GOULU,
général des feuillans.

JEAN-LOUIS Guez, appellé Balzac, du nom d'une terre qu'il avoit dans l'Angoumois sur la Charante, naquit à Angoulême l'an 1594. C'étoit le coriphée des auteurs de son temps. Mais personne ne le lit aujourd'hui que pour apprendre comme il ne faut point écrire. On doit le compter sans doute parmi le petit nombre des écrivains originaux, quoique son genre soit bien insupportable à tout homme de goût & de bon sens. L'emploi qu'il faisoit des figures de rhétorique, son affectation à prodiguer l'antithèse & l'hyperbole, son attention ridicule à courir après l'esprit, ses grands mots, ses longues phrases, eussent gâté le plus beau génie. Celui de Balzac le portoit au grand, au sublime ; mais, à force d'y vouloir atteindre, même dans les plus petites choses, il passa le but, & ne donna que dans l'emphase & le gigantesque. Toujours guindé, toujours maniéré; on peut dire qu'il sentoit l'art & l'auteur. Le stile épistolaire est l'opposé de ce goût, & néanmoins ce fut dans ce genre qu'il s'acquit tant de réputation ; ce furent ses lettres qui le firent appeller le seul homme éloquent de son siècle. On doit dire, il est vrai, pour sa justification, que ses lettres n'ont été écrites à personne ; qu'elles ne traitent ni de nouvelles ni d'affaires ; qu'elles ne sont proprement que des discours travaillés avec autant de soin que ses autres écrits ; qu'ainsi son imagination étoit moins à craindre & qu'il a pu se donner carrière, s'éloigner du ton des Bussy-Rabutin & des Sévigné, faire des ouvrages académiques plutôt que des lettres simples & ordinaires. Mais il y avoit un milieu à tenir. L'excès a tout gâté dans Balsac. En vain a-t-on entrepris de rétablir sa réputation. En vain M. l'abbé Trublet en porte-t-il le jugement le plus avantageux. Espère-t-il que les lecteurs reviendront à Balzac & le goûteront? Ses défauts doivent toujours le rendre ennuyeux & ridicule ; & , s'il arrive qu'on les lui paſſe jamais, ce ne ſera qu'au retour du mauvais goût & de la barbarie.

Une ſimple réflexion que Balzac avoit faite au ſujet des moines, ſans aucun deſſein formé de les décrier, leur fit prendre l'allarme à tous. Il avoit mis dans un de ſes ouvrages : *Il y a quelques petits moines qui ſont dans l'égliſe, comme les rats & les autres animaux imparfaits étoient dans l'arche.* Les Feuillans, en particulier, ſe crurent offenſés de la comparaiſon.

Leur général, le P. Goulu, homme violent & deſpotique dans l'ordre, en prit la défenſe. Le P. Goulu ne s'étoit fait religieux qu'à l'âge de vingt-huit ans. Auparavant il avoit embraſſé la profeſſion d'avocat. L'idée de ſe faire moine Feuillant lui vint de ce qu'en plaidant ſa première cauſe, l'an 1604, il demeura court. Il voulut depuis ſe haſarder de prêcher, & ſa mémoire ne le ſervit pas mieux. De-là tant de plaiſanteries au ſujet de ſon portrait qu'on expoſa dans une des galeries du Louvre (*). Le P. Goulu, pour avoir fait quelques mauvais vers & donné quelques traductions qu'on ne lit point, se croyoit un personnage digne d'entrer en lice avec le héros de la littérature.

D'abord le général des Feuillans détacha trois ou quatre écrivains de son ordre, pour faire repentir Balzac de son audace. Un religieux Manceau, dom André *de saint Denis*, auteur pitoyable, composa rapidement un petit écrit absurde, dénué d'esprit & de raison, mais très-bien conditionné pour les injures. Le titre étoit, *Conformité de l'éloquence de M. de Balzac avec celle des plus grands personnages du temps passé & du présent.* Cette satyre ne fut point imprimée, mais elle courut en manuscrit. Balzac en eut des copies. Elles le mirent au désespoir. Il vit combien il est dangereux d'offenser les moines. Il rappella la fameuse remarque d'Erasme (**) à leur sujet. La crainte

---

(*) Un rieur, entendant dire que le portrait étoit si ressemblant, qu'il ne lui manquoit que la parole, répondit: *Ce n'est point un défaut du peintre, c'est une des propriétés de son original.*

(**) Salomon dit: *Il n'y a point de malice audessus de celle d'une femme* ; Erasme mit à côté du

de rendre cette affaire plus mauvaise l'obligea d'user de ménagement avec eux, & de laisser à un de ses amis le soin de le venger d'un Zoïle encore plus emporté qu'ignorant. L'abbé Ogier fit paroître un livre intitulé *L'Apologie de M. de Balzac, en réponse au manuscrit de dom André.*

On vit alors ce qu'on voit presque toujours dans les écrits polémiques, l'exagération des deux côtés. L'aggresseur de Balzac en avoit fait un pigmée, & son apologiste en fit un héros hors de nature. La louange parut si prodiguée dans cette apologie, qu'on soupçonna Balzac d'avoir été assez vain pour la composer lui-même. On crut y reconnoître sa manière. On prétend même qu'il ne s'en cachoit pas, qu'il disoit hautement, *Je suis le père de cet ouvrage : Ogier n'en est que le parrain. Il a fourni la soie, & moi le canevas.*

Avec quelque zèle dont le moine feuillant dom André eût servi son général, celui-ci ne se crut point satisfait.

---

passage : *Vous observerez qu'il n'y avoit pas encore de moines.*

L'apologie de Balzac étoit un coup de maſſue. Le général remercia dom André de ſes bons offices, & prit lui-même la plume. Sous le nom de Phyllarque ou prince des feuilles, faiſant alluſion à ſa qualité de général des feuillans, il publia deux volumes de lettres contre Balzac. Elles étoient intitulées, *Lettres de Phyllarque à Ariſte*. Il eſt impoſſible de rien écrire de plus bas, de plus indécent, de plus emporté. Ces lettres parurent en 1627. Les noms de plagiaire & d'ignorant n'y furent pas épargnés; mais ceux d'infâme, d'Epicure, de Néron, de Sardanapale, de démoniaque & d'athée, y ſont à chaque page. Quel gros volume ne compoſeroit point la liſte de tous les écrivains accuſés d'athéiſme depuis Anaxagore!

De pareilles horreurs dans la bouche d'un prêtre, d'un religieux, auroient dû révolter le public. Mais elles furent bien priſes de tout le monde, graces à la haine qu'on portoit à Balzac, à l'ombrage que faiſoit ſon mérite, à quelques diſtinctions qu'il s'attira de la part de la cour. Il eut le brevet d'hiſtoriographe de France; titre ſi ambitionné, & qu'il appelloit une magnifique bagatelle. Cette ombre de faveur & la gloire réelle d'être nommé le père de la langue françoise, le maître & le modèle de l'éloquence, acharnèrent contre lui de petits écrivains avides d'un peu d'or & de fumée. Ils se rassemblèrent de toute part, à la voix de l'audacieux Phyllarque. Ils l'appelloient *gouffre d'érudition, Hercule gaulois, destructeur du tyran de l'éloquence, héros véritable & seul digne des lauriers arrachés à l'usurpateur.* C'étoit un déluge continuel de brochures, de couplets, de chansons contre Balzac. On tournoit en ridicule sa probité rigide & son titre de grand épistolier de France. Mais rien ne put le faire sortir de son caractère. Il disoit que la presse n'étoit point inventée pour la facilité de se décrier & de se charger d'injures. Il se plaignit seulement, dans la conversation, de celles qu'on débitoit contre lui. Le ton, l'emphase, les gestes, les mouvemens, avec lesquels il s'exprimoit là-dessus, l'amour-propre qu'il laissoit percer, & la critique dont ses ouvrages sont réellement susceptibles, étoient une nouvelle matière à satyres, à vaudevilles, & faisoient durer la comédie.

Phyllarque ou le prince des feuilles, enivré de ses succès, crut, en se vengeant, avoir rempli la vengeance divine. C'est par-là qu'il réussit à rendre Balzac odieux à tant de monde. Il gagna les femmes dévotes. Il les appelloit *belles dames*. Il leur déclara » que,
» si elles avoient un peu de courage,
» elles devoient crever les yeux à Bal-
» zac, ou du moins lui faire endurer
» la peine que les dames de la cour
» voulurent faire souffrir à Jean de
» Meun «.

En même temps qu'il faisoit de si belles exhortations, il envoyoit des émissaires dans toutes les coteries dévouées à l'ordre, pour décrier Balzac. Plusieurs bandes de moines, hardis & intrigans, se distribuèrent dans les différens quartiers de Paris, & répandirent adroitement le fiel & le désordre. Balzac s'en plaint dans sa *Relation à Ménandre*, c'est-à-dire à Maynard; relation qui ne fut imprimée que 17 ans après que tout eut été pacifié. » On
» a vu, dit-il, trois mois durant, cer-
» tain nombre de ceux de sa faction

» sortir tous les matins de leur quar-
» tier, & prendre leur département
» de deux en deux, avec ordre de
» m'aller rendre de mauvais offices en
» toutes les contrées du petit monde
» & de semer par-tout leur doctrine
» médisante, avec intention de sou-
» lever contre moi le peuple, & le
» porter à faire de ma personne ce
» que leur supérieur a fait de mon li-
» vre... Ils ont été rechercher, pour
» grossir leur troupe, des hommes
» condamnés par la voix publique,
» fameux par leurs débauches & par
» le scandale de leur vie, connus de
» toute la France par les mauvais sen-
» timens qu'ils ont de la foi ". Toutes
les actions du P. Goulu parurent avoir
les meilleurs motifs. On l'en félicitoit
de par-tout. » Quelques-uns de ses
» partisans, ajoute Balzac dans cette
» même relation, ont assuré qu'il avoit
» reçu un bref de notre saint père le
» pape... D'autres ont dit que l'as-
» semblée du clergé avoit envoyé des
» députés pour se réjouir avec lui de
» la prospérité de ses armes... Il n'y
» a point de prince ni de princesse,
» de seigneur ni de dame de condi-

» tion, à qui il n'ait fait porter ses
» livres en cérémonie, la plupart re-
» liés en forme d'heures ou de prières
» dévotes. Ils ont passé le Rhin, le
» Danube & l'Océan ; ils ont volé au-
» delà des Alpes & des Pyrénées. Ils
» interviennent dans toutes les con-
» versations, & se fourent dans tous
» les cabinets. On en a chargé des
» chariots pour envoyer au siège de
» la Rochelle... Son portrait se mon-
» tre par rareté au louvre «.

Presque tous les ordres religieux épousèrent les intérêts du grand Phyllarque. Balzac avoit mal parlé de leur littérature. C'étoit une raison pour le déchirer : les vérités blessent plus que tout le reste. Le prieur Ogier & la Motte-Aigron étoient les seuls tenans de Balzac. Ils le défendirent vaillamment. Ils démasquèrent le P. Goulu, le représentèrent comme un *ivrogne*, buvant nuit & jour dans un verre fait exprès & plus grand que la *coupe de Nestor* ; comme un *gourmand, faisant très-bonne chère en gras, quoiqu'il eût le teint si frais & l'embonpoint si excellent qu'on ne croyoit pas qu'il eut besoin d'être dispensé de la règle du maigre* ; comme un un religieux très-éloigné de l'esprit de son ordre, le plus sévère de tous dans son institution, suivant un auteur (*). Il étoit d'autant plus aisé de faire connoître le monarque feuillant, qu'on le détestoit dans son petit royaume. Ses sujets offroient eux-mêmes les mémoires de sa vie. Ils ne demandoient pas mieux que de le voir abbaissé. On l'eût couvert de honte, si l'on avoit profité de leurs divisions intestines; mais Balzac ne voulut jamais saisir ce moyen de vengeance. Il respecta la religion dans un religieux, quel qu'il pût être. Les libèles ni leurs auteurs ne lui plaisoient point. Rien de plus judicieux que sa lettre au chancelier Séguier, en réponse à celle où ce digne chef de la magistrature lui disoit : » Je viens de faire supprimer un libèle » composé contre vous «. Les gens de lettres devroient toujours avoir dans l'esprit cet exemple de la modération de Balzac. » Tant qu'il ne se présen-

---

(*) Il a prétendu ridiculement que les feuillans ont été ainsi appellés, non d'une réforme de l'ordre de saint Bernard, faite en l'abbaye des feuillans, à cinq lieues de Toulouse, mais de ce qu'ils ne vivoient d'abord que de feuilles.

» tera au sceau que de ces gladiateurs
» de plume, ne soyez point avare des
» graces du prince, & relâchez un peu
» de votre sévérité. Si la chose étoit
» nouvelle, il se peut que je ne serois
» pas fâché de la suppression du pre-
» mier libèle qui me diroit des inju-
» res. Mais, à cette heure qu'il y en a
» pour le moins une petite bibliothè-
» que, je suis presque bien aise qu'elle
» se grossisse, & prends plaisir à faire
» un mont-joie des pierres que l'envie
» m'a jettées sans me faire mal «.

Si cet écrivain n'eût toujours refusé de se battre en règle, cette querelle eut été bien plus terrible. Elle fut, malgré cela, sanglante. On en vint à l'épée & au pistolet. La mort seule du chef de la sédition empêcha que tout ne fût à feu & à sang. Le P. Goulu (*)

(*) Il étoit fils de Nicolas Goulu, professeur royal en langue Grecque, le même qui, selon Théodore Agrippa d'Aubigné, ne vouloit point que sa femme prît en pension *ceux qui étudioient aux loix, mais bien les petits grimaux.* On lui fit ce quatrain :

> Du Goulu sçavant ne prend guères
> Les barbus pour pensionnaires ;
> Il choisit les petits enfans :
> Mais la Goulue les veut grands.

termina sa carrière le 5 janvier 1629. Cet événement fut un coup de foudre pour sa cabale. Elle rendit à son chef tous les honneurs qu'elle imagina dûs à sa cendre. On grava sur sa tombe l'épitaphe la plus emphatique. Elle portoit, entr'autres choses, qu'il avoit rétabli la pureté de la langue françoise. Balzac composa là-dessus un poëme latin, intitulé *Crudelis umbra*, *ombre cruelle*, avec une lettre dans laquelle il applique à son ennemi ces vers d'Ovide (*) :

Hé quoi ! du sein des morts rallumant son courroux,
Il se fait craindre encore, & me porte des coups !

Après la mort du redoutable *Phyllarque*, dom André reconnut ses torts avec Balzac, & lui demanda son amitié. Ces deux hommes d'un caractère si opposé devinrent amis. L'un n'a pu s'empêcher de s'écrier au sujet de l'autre (**) :

Deux cœurs faits pour s'unir d'un lien éternel,
Dieux ! ont-ils pu d'abord ressentir tant de fiel !

―――――――――――――――――――

(*) *Ergo & adhuc metuendus erat ? cinis ipse sepulti*
 In caput hoc sævit, tumulo quoque sensimus hostem.

(**) *O superi ! tanto placuit concurrere motu*
 Æterna posthac mentes in pace futuras !

A ce témoignage de sa réconciliation sincère, Balzac ajouta des marques de son affection pour tout l'ordre des feuillans. Il fit présent à l'église de saint Memin, près d'Orléans, d'une cassolette de vermeil, estimée quatre cent livres, avec un revenu annuel pour y entretenir *des parfums*. Balzac étoit magnifique en tout. Il le fut à l'égard de l'académie françoise. Cet homme éloquent est le premier qui ait fondé un prix d'éloquence. Sa mort, arrivée en 1654, fut une perte véritable pour les lettres. Son *Christ victorieux* & son *Amynte* sont ses meilleures pièces. Il ne manque à cet écrivain d'une imagination élevée, d'un stile énergique, harmonieux, pittoresque & correct, que d'être né trente ans plus tard, & d'avoir pris le goût des grands écrivains du siècle de Louis XIV. Leurs excellens ouvrages firent tomber les siens. Le public, éclairé sur la vraie noblesse de pensée & sur la justesse d'expression, ne vit dans Balzac que du brillant & de l'enflure. On retourna contre lui ce vers à sa louange, par Maynard :

Il n'est point de mortel qui parle comme lui.

VOITURE,

ET

BENSERADE.

Ils ont donné naissance au faux bel-esprit françois. Leur goût est un goût dépravé, mais séduisant, fait pour plaire aux femmes, aux jeunes gens, à tous les lecteurs superficiels. Qu'est-ce qu'on trouve dans ces deux écrivains si fêtés autrefois ? Des antithèses, des pointes, quelques pensées brillantes, des applications & des allusions plus forcées qu'heureuses, un ton continuel de fadeur & de galanterie, le stile le plus enjoué, le plus fleuri, le plus ingénieux, mais le moins naturel ; un stile propre à mettre en réputation un auteur de son vivant, & qui bientôt après le fait oublier. Il s'en faut bien qu'on les regarde aujourd'hui comme des modèles. On peut les comparer au cavalier *Marin* & au *Guarini* des Italiens. Voiture surtout aime l'esprit & les *concetti*, s'épuise à dire de jolies choses.

C'est un des hommes illustres de la ville d'Amiens. Il étoit fils d'un marchand de vin, & ne buvoit jamais que de l'eau. Comme on le sçavoit très-sensible sur cet article, on ne lui épargna pas les plaisanteries. Les personnes de la première qualité le recherchèrent. Il étoit l'oracle de l'hôtel de Rambouillet. On lui procura des pensions de la cour. Le ministère l'employa en différentes occasions. Il passa quelque temps en Italie, en Espagne, & fit, dans la langue de ces deux nations, des vers d'une diction si pure, qu'on les prit pour ceux de leurs meilleurs poëtes. L'académie françoise & celle des humoristes se tinrent honorées de le compter parmi leurs membres. Il avoit la réputation d'être l'homme le plus galant de son siècle & le plus heureux. C'est un des hommes de lettres qui a le plus joui de sa gloire.

Son rival d'esprit & de bonnes fortunes, Benserade, étoit encore plus fait que lui pour être à la mode & pour parvenir. Il avoit des parens à la cour. On prétend que sa famille tenoit à celle du cardinal de Richelieu. On lui procura jusqu'à douze mille livres de pension ; mais ses revenus ne lui suffisoient point. Quelques dames riches & libérales ne le laissoient manquer de rien. Personne ne parloit & n'écrivoit d'une manière plus agréable. L'usage qu'il avoit du monde, & du plus grand monde, sa présence d'esprit, sa gaîté, ses saillies, le rendoient charmant. Néanmoins beaucoup de ses bons mots sont aujourd'hui bien fades (*). Son plus grand talent étoit pour l'ordonnance d'une fête, pour les vers de société. Ses ballets ingénieux tenoient alors lieu d'opéra, & faisoient un des principaux amusemens de la cour. Les ré-

---

(*) Une demoiselle, dont la voix étoit fort belle & l'haleine un peu forte, venoit de chanter en présence de Benserade. On lui demande ce qu'il pense. Il répond : *Les paroles sont parfaitement belles, mais l'air n'en vaut rien.* Ayant une dispute vive avec un abbé de qualité, on apporte à cet abbé le chapeau de cardinal. *Parbleu!* s'écrie Benserade, *j'étois bien fou de quereller avec un homme qui avoit la tête si près du bonnet.* Un homme de la cour, soupçonné d'être impuissant, & ne voulant pas en convenir, rencontre Benserade, qui l'avoit souvent raillé là-dessus : *Monsieur*, lui dit-il, *malgré toutes vos plaisanteries, ma femme est accouchée depuis deux jours. Hé ! monsieur*, lui répond Benserade, *on n'a jamais douté de madame votre femme.*

cits étoient allégoriques, & convenoient également aux personnages qui étoient représentés & aux princes qui jouoient dans ces sortes de divertissemens. Benserade faisoit entrer dans ses allusions jusqu'aux aventures les plus secrettes, mais toujours d'une manière fine & piquante. Ce peintre, si habile à nuancer des portraits, méritoit qu'on fit aussi le sien. Le voici très-ressemblant :

<blockquote>
Ce bel esprit eut trois talens divers
Qui trouveront l'avenir peu crédule.
De plaisanter les grands il ne fit point scrupule,
Sans qu'ils le prissent de travers ;
Il fut vieux & galant, sans être ridicule ;
Et s'enrichit à composer des vers.
</blockquote>

Benserade & Voiture se partageoient l'admiration du public. Ils avoient tous deux les plus grands enthousiastes. Les uns trouvoient plus de talent à Benserade, & les autres à Voiture. Point de cotterie, point de société de bel-esprit, qui n'ait fait cent fois leur parallèle. La moindre pièce fugitive de l'un ou de l'autre excitoit une guerre civile parmi les auteurs. C'est au milieu de cette fermentation, que parurent les deux fameux sonnets d'*Uranie* & de *Job*.

Voiture avoit fait le premier, & Benserade l'autre. Tout fut en mouvement sur le parnasse. On ne vit d'abord, parmi ses habitans, que fureurs, désespoir, contestations, ligues opposées. Cet esprit de division gagna tout le monde. La ville & la cour furent également partagées. Les uns étoient pour le sonnet d'*Uranie*, & les autres pour celui de *Job*. De-là les noms d'*Uranistes* & de *Jobelins*. On eût dit que c'étoit la faction des *Guelfes* & des *Gibelins*, de la *rose-rouge* & de la *rose-blanche*. On fit de chaque côté des gageures considérables. On prit des noms & des devises analogues au choix qu'on avoit fait. Les Uranistes ne voyoient rien au-dessus de ce sonnet :

Il faut finir mes jours en l'amour d'Uranie;
L'absence ni le temps ne m'en sçauroient guérir;
Et je ne vois plus rien qui me pût secourir,
Ni qui sçût rappeller ma liberté bannie.

Dès long-temps je connois sa rigueur infinie :
Mais, pensant aux beautés pour qui je dois périr,
Je bénis mon martyre; &, content de mourir,
Je n'ose murmurer contre sa tyrannie.

Quelquefois ma raison, par de foibles difcours,
M'invite à la révolte, & me promet fecours :
Mais, lorfqu'à mon befoin je me veux fervir d'elle,

Après beaucoup de peine & d'efforts impuiffans,
Elle dit qu'Uranie eft feule aimable & belle,
Et m'y rengage plus que ne fon: tous mes fens.

Les anti-Uraniftes, ou Jobelins, préféroient le fonnet de Job à celui d'Uranie :

> Job, de mille tourmens atteint,
> Vous rendra fa douleur connue :
> Mais raifonnablement il craint
> Que vous n'en foyez pas émue.
>
> Vous verrez fa mifère nue :
> Il s'eft lui-même ici dépeint.
> Accoutumez-vous à la vue
> D'un homme qui fouffre & fe plaint.
>
> Quoiqu'il eût d'extrêmes fouffrances,
> On voit aller des patiences
> Plus loin que la fienne n'alla.
>
> Il eut des peines incroyables ;
> Il s'en plaignit, il en parla.
> J'en connois de plus miférables.

Les marquifes de Montaufier & de Sablé, la duchefse de Longueville, étoient Uraniftes. Le prince de Conti, fon frère, étoit Jobelin. Chacun fe dé-

cidoit pour l'un ou pour l'autre sonnet, selon l'intérêt qu'on pouvoit avoir de plaire au prince ou à la princesse. Sarrasin & Balzac se joignirent à madame de Longueville. Balzac ne sentit que par la suite la supériorité dont on honora le sonnet de Benserade sur celui de Voiture. » Le sonnet d'Uranie, dit-
» il, fut trouvé beau dès le jour de sa
» naissance. J'en parle comme ayant
» été la sage-femme de ce bel enfant,
» & l'ayant reçu en venant au monde.
» Uranie ne le vit qu'après moi ; &,
» tout chaud qu'il étoit, immédiate-
» ment après sa production, je le por-
» tai au bonhomme M. de Malher-
» be «. Balzac, après avoir dit que Malherbe en devint jaloux, ajoute :
» Je m'intéressai, avec chaleur, à ce
» qui regardoit la gloire de mon ami.
» Je louai son nouveau-né, sans ex-
» ception & sans réserve. Il me plut
» de la tête jusqu'aux pieds.... De-
» puis ce temps-là je n'avois pas chan-
» gé d'avis, & je me reposois de bon-
» ne foi dans ma première opinion.
» Mais, au bruit de la cour & à la
» prière qui m'a été faite, ayant pris
» les lunettes de ma vieillesse, qui sont

» peut-être plus assurées que mes yeux
» du temps passé, je confesse que j'ai
» un peu modéré la violence de mon
» amour. J'ai trouvé le sonnet encore
» beau, mais non pas si beau qu'au-
» paravant «.

Si tous les Uranistes étoient revenus de leur prévention, comme Balzac, ils se fussent couverts de gloire. Mais ils s'obstinèrent dans leur opinion, & chargèrent Benserade de traits satyriques. On décria moins son sonnet de *Job* que sa personne. On voulut lui donner des ridicules, parce qu'il avoit un bon carosse & qu'il faisoit bonne chère, qu'il fréquentoit les grands & les princes. On parodia ses vers. On lui reprocha, non sans quelque raison, l'épitaphe qu'il fit sur le cardinal de Richelieu son bienfaiteur :

> Ci gist, oui gist, par la morbleu !
> Le cardinal de Richelieu ;
> Et, ce qui cause mon ennui,
> Ma pension avecque lui.

La faction du prince de Conti fût plus réservée que celle de sa sœur, au sujet des invectives & des satyres. Il n'y eut que ces trois vers faits contre là princesse elle-même, obstinée à médire du sonnet de Job :

>   Le destin de Job est étrange
>   D'être toujours persécuté,
> Tantôt par un démon, & tantôt par un ange.

La fin du sonnet paroissoit aux Jobelins la plus heureuse pensée. Ils trouvoient que les autres vers, quoique fort galans, étoient négligés, mais que les derniers étoient parfaits. Ils ne voyoient pas combien il est ridicule de comparer un homme amoureux à un homme pestiféré. Qu'ont de commun ses maux avec les peines d'un amant ? Benserade fit ce sonnet, en envoyant à une dame une paraphrase sur les neuf leçons de Job.

On étoit dans l'attente d'une décision autenthique sur les deux sonnets, & le prince de Conti la porta lui-même. Se dépouillant de la qualité de partie, il prit celle de juge équitable, & prononça ainsi :

>   L'un est plus grand, plus achevé ;
>   Mais je voudrois avoir fait l'autre.

Le premier vers regarde ceux de Voiture. Le public souscrivit à cette décision. Le sonnet de Job, malgré ses défauts, est encore moins détestable que l'autre. Les Jobelins furent au comble de leur joie de remporter un pareil triomphe, & les Uranistes se consolèrent de leur défaite par les termes dans lesquels l'arrêt qui les condamne est conçu.

Benserade, excité par un nouveau desir de gloire, voulut mettre en rondeaux les métamorphoses d'Ovide; mais son entreprise fut malheureuse. Tous les mouvemens de ses amis & de ses protecteurs ne purent rendre l'ouvrage supportable. Le roi donna dix mille livres pour le faire imprimer avec de belles planches. L'auteur, envoyant un exemplaire de sa traduction à un de ses amis, le conjura de lui dire ce qu'il en pensoit. Cet ami ne balança point, & lui envoya pour réponse un rondeau qui finit par ces vers :

De ces rondeaux un livre tout nouveau
A bien des gens n'a pas eu l'art de plaire:
Mais, quant à moi, j'en trouve tout fort beau,
Papier, dorure, images, caractère,
Hormis les vers qu'il falloit laisser faire
   A la Fontaine.

Benserade eut une fin bien cruelle. Un chirurgien, en le saignant, lui piqua l'artère. Cet écrivain en mourut le 19 octobre 1691, âgé de soixante-dix-huit ans.

> Que, de son nom chanté par la bouche des belles,
> Benserade, en tous lieux, enchante les ruelles.
>
> BOILEAU.

Voiture étoit mort en 1648, âgé seulement de cinquante ans. Son épitaphe par Ménage est fameuse (*) :

> Les graces d'Etrurie,
> Les muses d'Ibérie,
> La syrene Latine & l'Apollon François,
> L'enjoûment, les amours & la plaisanterie,
> Les ris, les jeux, l'esprit, tout ce qu'on vit jamais
> D'agrémens inspirés par la galanterie,
> Au même tombeau descendus,
> Avec Voiture ont disparus.

(*) *Etruscæ veneres, camænæ Iberæ,*
Hermes Gallicus, & Latina syren,
Risus, deliciæ, dicacitates,
Lusus, ingenium, joci, lepores,
Et quidquid fuit elegantiarum;
Quo Vecturius hoc jacent sepulchro.

GIRAC,
ET
COSTAR.

Les œuvres de Voiture, imprimées après sa mort, furent un nouveau sujet de guerre. Chacun s'empressa de les acheter & de les lire. Elles faisoient l'entretien ordinaire du monde sçavant & poli. On en portoit un jugement plus ou moins favorable, suivant son goût; mais, en général, le livre étoit applaudi. L'on n'imaginoit pas que la touche légère & galante de l'auteur pût jamais être effacée. Cependant, qu'il est loin des Hamilton, des Chaulieu & des La Fare! Girac, écrivain de la moyenne classe, versé dans les langues, dans l'histoire & dans la connoissance de l'antiquité, eut le jugement assez droit pour sentir qu'on prenoit le change, qu'on s'égaroit sur le goût. Il se donna pour la lumière qui devoit éclairer ses contemporains & dissiper leurs prestiges, réduisit Voiture à sa juste valeur,

& fit une critique de ses œuvres. Elle étoit en Latin. L'auteur y disoit librement sa pensée, & s'y moquoit des suffrages donnés au ton précieux & à la mauvaise plaisanterie. Il prophétisoit que Voiture passeroit de mode, & ne seroit plus un jour que l'*amusement des jeunes provinciaux*.

Cette critique étoit encore plus raisonnable qu'on n'avoit lieu de l'attendre de son siècle Elle courut manuscrite en 1650. On soupçonna Balzac d'en avoir fourni l'idée. La réputation de Voiture lui faisoit ombrage ; &, d'ailleurs, Girac étoit compatriote & ami de Balzac. Celui-ci voit la critique un des premiers, & la communique à d'autres. Il l'envoie à Costar.

Ce dernier, fanatique sur le compte de Voiture, ne voyant rien de comparable à sa prose & à ses vers, se glorifiant des liaisons qu'il avoit eues avec lui, & voulant montrer qu'il en étoit digne, quoiqu'il n'eut encore rien donné au public, réfute la critique, & fait également parvenir son ouvrage à Balzac. Cette réfutation étoit intitulée *Défense de Voiture*. Il y avoit beaucoup de chaleur & quelques saillies plaisantes.

Jamais apologie ne fut mieux reçue du public. La mémoire de Voiture vivoit encore dans la plupart de ses amis & de ses protecteurs. Son ombre leur étoit chère ; ils desiroient qu'elle fût vengée. Quelques courtisans surtout s'intéressoient à la réputation de Voiture. Ils firent avoir à Costar une pension de cinq cent écus, pour le récompenser de son ouvrage. Costar, transporté de joie, se félicita d'avoir réfuté Girac, lui fit faire des remercimens de lui avoir ouvert le chemin de la fortune & de la gloire, & publia qu'il avoit plus d'obligation à son adversaire qu'à tous ses amis.

Récompenser des écrivains qui se prennent de querelle, c'est le moyen de les rendre encore plus nombreuses, & de mettre en combustion toute la république des lettres. Girac prit vîte la plume; &, pour avoir plus de lecteurs, il abandonna la langue Latine, & répondit en François. L'envie de s'acquérir à son tour de la célébrité, de mettre dans ses intérêts les femmes & ce qu'on appelle la bonne compagnie, alluma son imagination. Il montra, dans sa réponse, plus de justesse & de vivacité qu'on n'en avoit encore vu dans aucun de ses ouvrages. Il s'en falloit bien cependant que cette réponse fût un chef-d'œuvre, comme il le croyoit. Il noya beaucoup de remarques judicieuses dans un fatras de verbiage. Aussi ne lui valut-elle ni pension de la cour, ni le suffrage du public.

Costar, animé par le succès, par la protection de plusieurs grands, par la gloire de défendre un bel-esprit dans un ancien ami, profita de sa supériorité, répliqua promptement. Croyant toujours avoir pour lui la raison, il abusa de la faveur populaire, & manqua, dans sa réplique, aux égards & aux bienséances les plus indispensables. Il la divisa en deux parties. L'une est sa propre apologie, & l'autre est la suite de la *Défense de Voiture*.

L'apologie de la personne de Costar est, comme on s'en doute bien, une satyre contre Girac. Costar lui tient les propos les plus offensans & les plus ridicules, ne lui parle que ″ de l'accabler ″ à coups de langue & de plume, de fai- ″ re revenir l'usage de cet ancien tems, ″ où de jeunes Romains de condition

» se promenoient par les rues tout le
» long du jour, cachant sous leurs
» robes de longs fouets pour châtier
» l'insolence de ceux qui n'approu-
» voient pas le poëte Lucilius, s'ils
» étoient assez malheureux que de se
» rencontrer en leur chemin. « Il le
menace d'un certain capitaine, bel-esprit & très-brutal, qui logeoit sa compagnie dans le village des contempteurs de Voiture. Craignez, lui dit Costar, que ce capitaine ne passe par l'Angoumois, & n'en vienne à quelque exécution militaire. Il a pensé ravager votre terre, il n'y a pas deux ans. Souvenez-vous de ces paroles qu'il vous dit dans un tête à tête : *En considération de M. le marquis de Montausier, j'empêcherai ma compagnie d'aller chez vous ; c'est un seigneur à qui je dois tout. Mais, à la charge qu'à l'avenir il ne vous arrivera plus d'écrire contre Voiture.* Bayle s'écrie là-dessus :
» Quelle manière de convertir les hé-
» rétiques du bel-esprit ! N'approche-
» t-elle pas de la dragonade de Fran-
» ce ? « Il ajoute : » Les parens & les
» amis de Voiture auroient voulu l'é-
» riger en pape du bel-esprit, & le

» faire, dans les matières de ce res-
» sort, la règle infaillible de l'ortho-
» doxie. Au moins devoient-ils se
» contenter des excommunications du
» Parnasse, contre ceux qui dispute-
» roient à un tel pontife le privilège
» de l'infaillibilité. Mais ils les mena-
» çoient d'un logement de soldats. «

A peine Girac eut-il vu la sortie faite contre lui, qu'il en médita une plus violente, & ramassa de tous côtés de quoi déshonorer son adversaire, & le rendre modeste.

Costar fournissoit malheureusement à la satyre. Il étoit prêtre, possédoit quelque dignité dans l'église, & vivoit d'une manière toute opposée à son état. Le jeu, les femmes & le vin remplissoient tout son temps. Il eut différentes aventures; Girac en fit un recueil. Elles composèrent ce gros volume qu'il publia sous le nom de *Repplique*. Il y prend son adversaire au moment de sa naissance, & va toujours entassant injures sur injures, scandale sur scandale. Les iniquités les plus secrettes sont mises au jour. La manière dont il les rend est encore plus honteuse & plus grossière; c'est le stile

des halles. Il appelle Coſtar *menteur, étourdi, calomniateur, vrai pied-plat, grand chicaneur, inſolent, ignorant, fripon, homme à pendre.* ›› Quel avanta-
›› ge, s'écrie Girac, & quelle gloire
›› puis-je prétendre de tout ce démêlé?
›› Pouvois-je avoir un ennemi plus
›› mépriſable, ſoit pour ſa naiſſance,
›› ſoit pour ſes mœurs, ſoit pour ſa
›› capacité ? J'avois ignoré juſqu'ici
›› qu'il étoit fils d'un pauvre chapelier
›› & d'une lavandière. Un homme
›› auſſi ſçavant en invectives & en or-
›› dures ne devoit pas avoir une autre
›› origine. C'eſt dans le bateau qu'il a
›› été inſtruit. Pour connoître M. Coſ-
›› tar, il ne faut que l'ouir ; il ne faut
›› qu'ouvrir un de ſes livres, & l'on
›› verra partout une vive image de ſes
›› mœurs. On verra que jamais haran-
›› gère ni crocheteur n'a vomi tant
›› d'injures & tant d'impuretés.....
›› Pour ce qui eſt de ſa capacité, je
›› n'ai point mémoire d'avoir lu d'écri-
›› vain ſi ignorant.... Quel avantage
›› dois-je donc attendre de combattre
›› un homme ſi foible, de tenir tête à
›› une harangère, & d'imiter ce Ctéſi-
›› phon de Plutarque qui faiſoit le

» coup de pied de mulet ? « J'avois quelque scrupule, dit-il, de repousser les insultes d'un ennemi respectable par son caractère. Mais, puisqu'il n'en soutient pas la dignité par une vie règlée, il ne mérite aucun égard. » Ce
» n'est pas à un prêtre, à un archidia-
» cre à qui j'ai affaire, mais bien à un
» bouffon, à un misérable pédant,
» sorti de la lie du peuple, & qui,
» d'enfoncé qu'il étoit jusqu'aux oreil-
» les dans la boue & dans les ordures
» du collège, a obtenu, par je ne sçais
» quels moyens, des bénéfices qui
» l'ont tiré de la misère où sa naif-
» sance l'avoit jetté. «

Cette réplique infâme étoit sous presse. Elle fut communiquée à Costar à mesure qu'on l'imprimoit. Elle fit sur lui tant d'effet qu'il porta sa plainte aux magistrats. Il réclama leur autorité pour empêcher que ce libèle ne parût. Le lieutenant civil fit, à la demande de Costar, l'attention qu'elle méritoit. Après un court examen, il ordonna aux deux écrivains, dont la querelle avoit amusé si longtemps la ville & les provinces, qu'ils eussent à ne plus écrire l'un contre l'autre.

Girac envoya sa réplique en Hollande. Elle fut imprimée à Leyde.

Bayle trouve fort singulier que Costar ait voulu faire un procès criminel à un homme de lettres, qui s'étoit servi de ses armes propres. Il dit que c'est se conduire comme un gentilhomme, qui, dans une affaire d'honneur, auroit recours aux juges du lieu & non pas à son épée.

L'ABBÉ D'AUBIGNAC,

AVEC

MÉNAGE, PIERRE CORNEILLE, MADEMOISELLE DE SCUDERI ET RICHELET.

FRANÇOIS *Hédelin*, abbé d'Aubignac & de Meimac, étoit Parisien. Il fut d'abord avocat. L'espérance de s'avancer plutôt lui fit embrasser l'état ecclésiastique. Son mérite parvint à la connoissance du cardinal de Richelieu, qui lui confia l'éducation de son neveu, le duc de Fronsac. Ce cardinal, dont la grande ame étoit flattée

de

de faire la fortune de tous ceux qui s'attachoient à lui, n'oublia pas l'abbé d'Aubignac, qui sçut lui faire assidument sa cour, & plaire à son élève. Le précepteur, homme d'esprit & d'érudition, fut, en très-peu de temps, pourvu de deux abbayes. Il prit le nom de celle de d'Aubignac, diocèse de Bourges. Non content de cette récompense, le jeune duc eut à peine atteint l'âge de vingt-cinq ans, que le premier acte de majorité qu'il fit fut de donner à son précepteur une pension de quatre mille livres à prendre sur tous ses biens. La protection déclarée d'un grand ministre, & son propre mérite, procurèrent à l'abbé d'Aubignac l'entrée des meilleures maisons de Paris. Il joua, dans le monde, une sorte de rôle, mais principalement dans le monde sçavant. Point de genre de littérature qu'il n'ait embrassé. Il fut tour à tour grammairien, humaniste, poëte, antiquaire, prédicateur & romancier. Il avoit beaucoup de feu dans l'imagination, mais plus encore dans le caractère. Malheur à quiconque n'adoptoit pas ses idées, & refusoit de reconnoître les loix qu'il vouloit éta blir sur le parnasse. L'abbé d'Aubignac se croyoit fait pour y règner seul. Jamais homme de lettres ne fut d'une humeur plus altière, d'une vanité plus ridicule, d'un commerce plus difficile & plus insupportable.

Il se brouilla d'abord avec Ménage. C'étoit à propos de Térence, ce comique d'un si bon goût, heureux imitateur de Ménandre & supérieur à Plaute, du moins pour la vérité des caractères & des mœurs, pour les graces de la diction. Celle de Térence est toujours pure, toujours élégante, & sent l'homme du monde ; ce qui fait dire à Cicéron que toute la politesse Romaine est renfermée dans cet écrivain. L'abbé d'Aubignac & Ménage, après avoir discuté, dans une conversation qu'ils eurent ensemble au jardin du Luxembourg, les beautés de détail des comédies de Térence, passèrent à la contexture de ses pièces. Ils agitèrent, avec beaucoup de vivacité, laquelle est la plus conforme aux règles du théâtre ?

Ce point de discussion étoit principalement du ressort de l'abbé d'Aubignac. La nécessité de faire sa cour au cardinal de Richelieu, paſſionné pour le théâtre, l'avoit obligé d'étudier à fond les loix du dramatique. Ménage, au contraire, entendoit peu cette matière. Il ſe connoiſſoit mieux en petits vers Italiens & François, en élégies, en épîtres, en épigrammes (*).

L'envie de ſe donner pour connoiſſeur en tout lui fit dire que l'*Hécyre* de Térence étoit ſa pièce la plus régulière. D'Aubignac ſe récrie là-deſſus. Ménage ſoutient ſon opinion. Ils s'animent, ils s'aigriſſent. La promenade finie, Ménage vient chez lui relire Té-

---

(*) Il fit celle-ci contre le préſident Couſin, acccuſé d'impuiſſance, & traducteur de quelques hiſtoriens Grecs.

Le grand traducteur de Procope
Faillit à tomber en ſyncope
Au moment qu'il fut ajourné
Pour conſommer ſon mariage.
Ah! dit-il, le pénible ouvrage!
Et que je ſuis infortuné!
Moi qui fais de belles harangues,
Moi qui traduis en toutes langues,
A quoi ſert mon vaſte ſçavoir,
Puiſque partout on me diffame
Pour n'avoir pas eu le pouvoir
De traduire une fille en femme?

rence. Il repasse sur toutes les pièces de cet excellent comique. Après en avoir analysé les beautés & les défauts, il trouve que l'*Heautontimoruménos* n'étoit pas dans les règles du théâtre. C'en fut assez pour lui faire croire qu'il n'avoit rien avancé que de juste. Il abandonne l'*Hécyre*, & fier de sa nouvelle découverte il la mande à l'abbé d'Aubignac.

Cet abbé veut que Térence soit parfait, & qu'aucune de ses comédies ne pêche par le plan & l'ordonnance. Il donne un discours sous ce titre : *Térence justifié, ou discours sur la troisième comédie de Térence, adressé à M. Ménage*. Le discours fit effet. Il mortifia celui qui l'avoit occasionné. Ménage en témoigna son ressentiment par une réponse à l'abbé d'Aubignac, qui ne jugea plus à propos d'envoyer d'autres écrits à l'adresse de son adversaire. On crut alors la dispute tombée. Mais elle devint plus vive.

Ménage, en 1652, donna une édition de ses œuvres. Il y avoit mis sa réponse au discours de d'Aubignac, précédée de ce même discours. Cet abbé regarda cela comme un outrage. Il se remit à critiquer, à chercher quelque moyen de vengeance contre l'éditeur qui l'avoit offensé. La haine l'inspira si bien que plusieurs de ses amis, voyant cette nouvelle critique avant l'impression, lui conseillèrent de retrancher des choses qui ne pouvoient tourner qu'à sa honte. Il y consentit, mais à cette condition que Ménage ôteroit également de sa réponse les personnalités dont elle étoit remplie. On va trouver Ménage, on l'exhorte à se rendre à des propositions de paix, à ne laisser subsister, dans ses ouvrages, aucune marque de ressentiment. Il est inflexible ; il ne veut rien ôter. Il s'écrie : *Quod scripsi, scripsi :* ce qui est écrit est écrit ! En conséquence, l'ouvrage de l'abbé d'Aubignac parut sans aucun changement. Il le fit imprimer avec son premier discours sur Térence. Le tout fut donné sous ce titre : *Térence justifié, ou deux dissertations sur la troisième comédie de Térence intitulée* Heautontimorumenos, *contre les erreurs de M^c. Gilles Ménage, avocat en parlement.*

On s'attendoit à voir Ménage soutenir sa fermeté, & se livrer à la plus grande violence. Mais tout son feu s'éteignit. Des remords de conscience le prirent. Il dit qu'il avoit juré de ne jamais écrire ni lire des libèles ; qu'il ne vouloit point manquer à sa parole, quoiqu'il eût été traité de scrupuleux par les plus célèbres casuistes de la maison de Sorbonne, & du collège des jésuites. Ce changement de langage, cet air de modération fut mal interprêté. On plaisanta sur sa dévotion & sur le goût qu'il conservoit pour les femmes. Il rendit des soins à mesdames de la Fayette & de Sévigné. Il aima sur-tout madame de la Fayette, lorsqu'elle s'appelloit mademoiselle de la Vergne. Il l'a célébrée sous le nom de *Laverna*. L'équivoque de ce mot avec le mot latin *Laverna*, déesse des voleurs, occasionna l'épigramme (*) suivante, dont le sel tombe sur la réputation de frippier de vers que s'étoit faite Ménage.

(*) *Lesbia nulla tibi est, nulla est tibi dicta Corinna,*
Carmine laudatur Cynthia nulla tuo.
Sed cum doctorum compiles scrinia vatum,
Nil mirum si sit culta Laverna tibi.

> Est-ce Corinne, est-ce Lesbie,
> Est-ce Phyllis, est-ce Cynthie,
> Dont le nom est par toi chanté?
> Tu ne la nommes pas, écrivain plagiaire,
> Sur le Parnasse vrai corsaire ;
> Laverne est ta divinité.

La haine capitale que se portoient d'Aubignac & Ménage avoit moins son origine dans leur amour pour la vérité & dans la connoissance qu'ils avoient des loix théâtrales, que dans leur rivalité. Chacun vouloit que ses jugemens fussent des oracles. Leur maison étoit le rendez-vous de la plupart des gens de lettres. Il se tenoit toutes les semaines, chez l'un & chez l'autre, une assemblée où l'on se communiquoit ses lumières. Celle qui se faisoit chez l'abbé d'Aubignac portoit son nom, & l'autre s'appelloit *Mercuriale* (*).

(*) Il se tient encore dans le royaume un grand nombre d'assemblées sur ce modèle. Autant elles étoient utiles autrefois, autant peuvent-elles l'être encore, pourvu qu'elles ne soient pas trop multipliées, & qu'il n'y en ait que dans les grandes villes. Mais on en voit pattout, jusques dans des bourgades. Rien de plus ridicule & de plus contraire au bien de la littérature, que ces petites sociétés provincia-

Ménage approchoit en quelque chose de Vaugelas & de Bouhours. Sa *Requête des dictionnaires* lui ferma l'entrée de l'académie françoise. Il fut de celle de la Crusca. Cet écrivain est mort en 1692, dans la soixante dix-neuvième année de son âge. Il fut poursuivi jusques dans le tombeau par les partisans de d'Aubignac. Ils imaginèrent de faire expier à la cendre de Ménage toutes les fautes de bon sens & de goût renfermées dans ses écrits. Ils chargèrent de cette occupation le célèbre la Monnoye, qui leur répondit :

>Laissons en paix monsieur Ménage ;
>C'étoit un trop bon personnage
>Pour n'être pas de ses amis.
>Souffrez qu'à son tour il repose,
>Lui dont les vers & dont la prose
>Nous ont si souvent endormis.

La seconde querelle de l'abbé d'Au-

---

les qui, loin de faire de véritables gens de lettres, ne font que des fainéans & des membres à charge à l'état. Ceux qui se mettent à la tête de ces sortes d'établissemens, qui travaillent à les ériger en académies, qui sollicitent tous les jours des lettres-patentes, ne prennent pas garde qu'il devroit n'appartenir qu'aux grandes académies d'être dépositaires des lumières & du bon goût.

bignac fut avec le grand Corneille, cet homme immortel, dont le nom seul imprime la vénération, & devoit être un rempart inaccessible à tous les traits satyriques. La contestation vint de ce que Corneille n'avoit pas cité la *Pratique du théâtre* dans ses trois *Discours sur le dramatique*.

On sçait que la *Pratique du théâtre* est le meilleur ouvrage de l'abbé d'Aubignac. Personne avant lui n'avoit même parlé de certaines matières importantes qu'il y traite à fond. Les anciens avoient envisagé le théâtre en général, mais ils n'étoient point descendus à des détails nécessaires à ceux qui veulent courir cette carrière dangereuse. On n'avoit jetté qu'un coup d'œil rapide sur le poëme dramatique. On avoit discuté son origine, sa définition, ses espèces. On avoit établi la règle des unités. La partie des mœurs & des sentimens avoit encore été traitée, ainsi que plusieurs autres points de la théorie du théâtre. Mais on n'avoit rien dit de l'art de préparer les incidens & de réunir les temps & les lieux. On n'avoit point touché la continuité de l'action, la liaison des scènes, les intervalles des actes, & toutes les particularités qui concourent à la perfection des drames, à l'exécution, & que l'abbé d'Aubignac appelle la pratique du théâtre. Le projet de son livre étoit beau.

L'auteur avoit en vue la gloire du théâtre François, l'espérance d'être utile aux jeunes poëtes, de développer le germe des talens dramatiques. Cette idée brillante ne pouvoit être mieux remplie qu'en consultant les maîtres de l'art. D'Aubignac s'adresse à Corneille. Ils ont ensemble de longues conversations ; ils suivent la marche de la tragédie. Corneille, tout législateur qu'il étoit de la scène Françoise, tira de ces conférences des lumières qu'il mit à profit pour donner à ses pièces un dégré de perfection qui manquoit aux premières ; & l'autre remporta de ces entretiens l'avantage de pouvoir raisonner, dans sa *Pratique du théâtre*, avec encore plus de connoissance de cause. D'Aubignac, enchanté de voir le grand Corneille docile à ses avis, s'accoutume à le regarder comme son disciple, l'encourage, le cite avec complaisance dans sa *Pratique du théâtre*.

Cette attention marquée de d'Aubignac lui parut en devoir mériter une autre de la part de Corneille. L'abbé crut qu'il seroit, à son tour, cité par le père du théâtre françois. Mais Corneille ne jugea pas à propos de lui faire cet honneur. Il avoit l'ame indépendante & fière, & ne se croyoit redevable à personne de la moindre portion de sa gloire. Soit oubli, soit affectation dans l'examen de ses pièces, il ne dit pas un mot de d'Aubignac. Ce silence fut le signal d'une rupture, & l'occasion de plusieurs épigrammes.

Le grand Corneille en fit quelques-unes qui ne sont pas à sa gloire. Heureusement elles ne furent point imprimées. Il reconnut même bientôt que le plus sûr moyen de se venger de ses ennemis est de les mépriser, & de laisser un libre cours aux transports de leur haine. D'Aubignac conserva la sienne jusqu'au tombeau.

Il retoucha sa *Pratique du théâtre*, en ôta tous les endroits qui contenoient l'éloge d'un des plus grands ornemens de la France. Il fit encore la critique de plusieurs pièces de Corneille. *Sophonisbe* & *Sertorius* furent mis au-dessous de tout ce que le théâtre a de plus mauvais. Ces tragédies ayant trouvé des défenseurs, l'abbé redoubla de colère. Il mit le comble à ses emportemens par une réplique infâme. Elle est remplie d'atrocités contre les deux Corneilles. L'abbé Goujet n'a pas osé la mettre dans son ouvrage, ,, parce que, dit-il, je ne veux pas don- ,, ner une nouvelle vie à des libèles ,, diffamatoires. ‹‹

Corneille tira de cette infamie une vengeance, & la vengeance la plus douce pour un auteur, celle de voir les ouvrages de son ennemi sifflés par le public. Jamais pièce n'ennuya plus méthodiquement que Zénobie, tragédie en prose, & composée suivant les règles prescrites dans le traité de la *Pratique du théâtre*. Cette triste expérience dut apprendre à l'abbé d'Aubignac que le génie fait tout, que du moins sans lui les règles ne font rien. Il dut voir qu'il n'étoit pas plus initié dans le grand art d'exciter fortement les passions, que ne l'est, dans les secrets de l'architecture, un manœuvre servile

& fans talent. Le prince de Condé difoit : » Je fçais bon gré à l'abbé d'Au-
» bignac d'avoir fi bien fuivi les rè-
» gles d'Ariftote ; mais je ne pardonne
» point aux règles d'Ariftote d'avoir
» fait faire à l'abbé d'Aubignac une
» fi méchante tragédie. «

Outre Ménage & Corneille, made-moifelle de Scudéri trouva dans cet abbé un cenfeur impitoyable.

Cette demoifelle étoit de Provence. Elle avoit encore plus de célébrité que de mérite. Tout concouroit à faire parler d'elle ; les agrémens de fon ef-prit, la difformité de fon vifage, l'amour exceffif de l'étude dans une fem-me, la fingularité de fes ouvrages, fes liaifons avec un bel-efprit (*) tout auffi

---

(*) Un jour elle écrivit à Péliffon, que Defpréaux appelle *vilain garçon*, *plus laid qu'un finge & qu'un diable* :

Enfin, Achante, il faut fe rendre ;
Votre efprit a charmé le mien.
Je vous fais citoyen du *Tendre* ;
Mais, de grace, n'en dites rien.

Péliffon ne fut point infenfible à cet empreffe-ment. Leurs amours donnèrent lieu à beaucoup

laid qu'elle. Mademoiselle de Scudéri donna dans les romans. Mais, en suivant cette carrière, elle en fit d'une espèce toute nouvelle. Ceux de Gomberville, de la Calprenède, de Démarets & de tant d'autres romanciers, aussi ennuyeux que vantés alors, ne furent point de son goût. Persuadée que les romans ne sont au fond que des poëmes épiques en prose, elle imagina d'en composer qui continssent des

---

d'épigrammes & de mauvaises plaisanteries. On n'estime point les vers de Pélisson, mais bien ses excellens *Discours pour M. Fouquet*, son *Histoire de l'Académie*, & celle *de la Conquête de la Franche-Comté*. Son attachement pour le surintendant Fouquet, dont il étoit premier commis & confident, est un trait qui fait honneur à tous les gens de lettres. Une conduite différente lui eut sauvé quatre ans & demie de prison à la Bastille. Sa constance, à cet égard, est une preuve de sa bonne foi, lorsqu'il changea de religion. On empoisonna cette démarche, parce qu'elle le conduisit à la fortune. Ses ennemis répandirent à sa mort des bruits capables de faire tort à sa mémoire. Il mourut sans recevoir les derniers sacremens ; & l'on publia que c'étoit par indifférence pour la religion. On l'opposa à la Fontaine, pour la manière dont il avoit vécu, & dont il étoit mort. Il courut des vers, où l'on disoit que l'un avoit terminé sa carrière en *impie*, & l'autre en *capucin*. Quelques-uns ont cru que la mort inopinée de Pélisson avoit été l'effet d'un désespoir causé par une parole dure que lui dit Louis XIV, mécontent de son administration du tiers des économats.

histoires véritables sous des noms déguisés. Son *Artamène ou le grand Cyrus*, & principalement sa *Clélie*, ne sont que le tableau de ce qui se passoit à la cour de France. La carte du pays de *Tendre* dans *Clélie*, parut d'une invention ingénieuse. Cette carte si célèbre est une allégorie pour marquer les différens genres de tendresse qui se réduisent à l'estime, la reconnoissance & l'inclination. Aussi la carte représente-t-elle trois rivières, qui portent ces trois noms, & sur lesquelles sont situées trois villes nommées *Tendre*; *Tendre sur Inclination*, *Tendre sur Estime*, & *Tendre sur Reconnoissance*. *Petits-Soins* est un village assez riant. Mademoiselle de Scudéri s'applaudissoit d'avoir trouvé de si jolies choses. Elle n'eut pas vu tranquillement sa gloire partagée. Il ne fallut, pour lui donner de l'ombrage, qu'un livre de l'abbé d'Aubignac publié sous ce titre : *Histoire du temps, ou relation du royaume de Coquetterie, extraite du dernier voyage des Hollandois aux Indes du Levant.*

Elle croit qu'on l'a volée, qu'on veut lui ravir l'honneur de sa carte. La *Relation du royaume de Coquetterie* lui tombe des mains en la lifant. Elle crie au plagiat, au brigandage, fait tout retentir de fes clameurs, infulte au galant géographe qui ne décrit que d'après elle les lieux & les mœurs d'un pays qu'elle prétendoit mieux connoître que perfonne. Ces hauts cris font bientôt entendus de l'abbé d'Aubignac. Il fe défend d'être plagiaire. Il feint une lettre d'Arifte à Cléanthe, dans laquelle il foutient n'avoir rien pris à l'auteur de *Clélie*. Il dit que mademoifelle de Scudéri, lorfqu'ils étoient liés, lui avoit communiqué fa carte de *Tendre*; & que, fe trouvant en train de confidence, il lui avoit également fait celle qu'il avoit autrefois compofé quelque chofe fur un fujet femblable; mais que l'habit d'écléfiaftique qu'il portoit l'empêchoit de laiffer paroître cette bagatelle. Quelque excufe que d'Aubignac alléguât en fa faveur, il eft certain que le *royaume de Coquetterie* n'eft que le développement de la carte de *Tendre*. On fut étonné de voir un auteur grave abandonner le genre férieux pour celui de la galanterie & de la frivolité.

D'Aubignac appuya fa juftification

de beaucoup d'injures. Cette affaire alloit devenir considérable, lorsque mademoiselle de Scudéri changea de ton. Elle aima mieux dévorer sa douleur que d'être exposée à des insultes. On peut mettre cette femme illustre au premier rang des romanciers. Elle fit encore des vers agréables, & remporta le premier prix d'éloquence que l'académie françoise ait donné. Elle a vécu jusqu'à quatre-vingt quinze ans, favorisée de plusieurs graces de la cour, reçue de toutes les académies dont son sexe ne l'excluoit point, considérée des plus beaux génies de l'Europe, avec lesquels elle étoit en commerce de lettres. On raconte une aventure singulière, qui lui arriva dans un voyage en Provence avec son frère George. On les plaça dans une chambre à deux lits. Avant que de se coucher, Scudéri demande ce qu'ils feroient du prince Mafard, un des héros du roman de Cyrus. Après quelques contestations, il fut arrêté qu'on le feroit assassiner. Des marchands, logés dans une chambre voisine, ayant entendu la conversation, crurent que c'étoit la mort de quelque grand prince, appellé Mafard, dont on complotoit la perte. La juſtice fut avertie, & les deux Scudéri mis en priſon. Ils ne parvinrent qu'avec peine à ſe juſtifier. Le célèbre Nanteuil peignit en paſtel mademoiſelle de Scudéri. Elle a fait ces vers ſur ſon portrait :

> Nanteuil, en faiſant mon image,
> A de ſon art divin ſignalé le pouvoir.
> Je hais mes traits dans mon miroir ;
> Je les aime dans ſon ouvrage.

Enfin, l'abbé d'Aubignac, après avoir eu diſpute avec tout le monde, trouve à qui parler. Il eut l'imprudence de ſe meſurer avec Richelet, un des plus méchans & des plus brouillons écrivains de ſon ſiècle. Richelet avoit commencé par être avocat. Ce ton cynique qu'il avoit en plaidant, il l'apporta dans la littérature. Il donna un *Dictionnaire françois*, mais un dictionnaire rempli d'exemples ſatyriques, & par cela même plus dangereux qu'utile. Ce qui brouilla ces deux cauſtiques écrivains, que la même humeur & le même caractère avoient unis, c'eſt l'inſipide roman de *Macariſe, ou la Reine des iſles fortu-*

nées, histoire allégorique contenant la philosophie morale des stoïques, sous le voile de plusieurs aventures agréables

L'abbé d'Aubignac l'avoit fait pour l'instruction de son élève, le jeune duc de Fronsac. Mais le titre de l'ouvrage n'est pas rempli. L'auteur, au lieu d'y présenter la sagesse sous les traits de l'agrément & de la simplicité, donne dans une ridicule métaphysique de cœur & de sentimens. Il aspiroit à paroître un romancier du premier ordre : mais il n'avoit ni le goût, ni l'imagination nécessaires pour réussir en ces sortes d'ouvrages.

Cependant plusieurs de ses amis vantèrent le sien. On fit des vers à la louange de *Macarise* ; & ces vers, d'Aubignac les mit à la tête de son roman. Despréaux lui-même en composa comme les autres. Mais *heureusement, dit-il dans une de ses lettres, je portai l'épigramme trop tard, & elle n'y fut point mise : dieu en soit loué.* Richelet loua son ami, sans néanmoins trop se récrier sur son ouvrage. Cette conduite offensa d'Aubignac. Il en est des louanges médiocres qu'on donne, comme des confidences faites à demi.

L'air de réserve blesse toujours. D'Aubignac s'en plaignit. Richelet s'en moqua, & lui fit cette réponse :

> Hédelin, c'est à tort que tu te plains de moi ;
> N'ai-je pas loué ton ouvrage ?
> Pouvois-je plus faire pour toi
> Que de rendre un faux témoignage ?

Du caractère dont étoient ces deux écrivains, on ne doutoit point qu'ils ne se portassent à quelque action de violence. Mais, se connoissant & se craignant mutuellement, ils cessèrent toute hostilité. D'Aubignac est mort à Nemours en 1676, & Richelet à Paris, le 29 novembre 1698.

CORNEILLE,
ET
LE CARDINAL DE RICHELIEU.

QUELS hommes! quels génies! quelles ames! Corneille nous peint ainsi la sienne :

> Pour me faire admirer, je ne fais point de ligue.
> J'ai peu de voix pour moi, mais je les ai sans brigue.
> Et mon ambition, pour faire plus de bruit,
> Ne les va point quêter de réduit en réduit.
> Mon travail, sans appui, monte sur le théâtre.
> Chacun, en liberté, l'y blâme ou l'idolâtre.
> Là, sans que mes amis prêchent leurs sentimens,
> J'arrache quelquefois leurs applaudissemens;
> Là, content du succès que le mérite donne,
> Par d'illustres avis je n'éblouis personne.
> Je satisfais ensemble & peuple & courtisans;
> Et mes vers, en tous lieux sont mes seuls partisans.
> Par leur seule beauté ma plume est estimée;
> Je ne dois qu'à moi seul toute ma renommée.

Richelieu, dans ses vastes idées d'ambition, dans son projet de faire triompher la France, & par la gloire des armes & par celle des lettres, étoit trop heureux de voir s'élever un homme du mérite de Corneille. Il suffisoit au ministre, pour exciter les talens, d'encourager ce grand poëte & de faire tomber fur lui les graces. Mais Richelieu ambitionnoit d'écrire. La gloire d'écrivain & d'artifte le flattoit. Le rival des Olivarès, des Buckingham, étoit baffement jaloux de tout mérite littéraire fupérieur au fien. Quels auteurs protégea-t-il ? Un Colletet (*) ; un Boisrobert, fon bouffon & furnommé *le premier chanfonnier de France*, titre que pourroit lui difputer aujourd'hui M. l'abbé de Lattaignant ; un Chapelain ; un Scuderi, & tant d'autres écrivains pitoyables, admirateurs gagés de fes mauvais vers. Pendant que le cardinal protégeoit ces prétendus beaux-efprits, il faifoit à Corneille une guerre ouverte.

(*) Dont on n'a retenu que ces vers fur un quarré d'eau :

La cane s'humecter de la bourbe de l'eau,
D'une voix enrouée & d'un battement d'aîle,
Animer le canard qui languit auprès d'elle.

Le Cid fut la principale cause de cette persécution. Jusques-là Corneille avoit beaucoup fait pour sa gloire particulière, mais rien encore pour la perfection du théâtre. Quelque succès qu'eussent eu *Mélite*, *Clitandre*, *la Veuve*, *la Galerie du palais*, *la Suivante*, *la Place royale*, *Médée*, s'il en fût resté là, jamais la scène Françoise n'eût égalé la scène Grecque. Le Cid est l'époque du plus haut point d'élévation de notre théâtre. C'est alors que l'auteur parut réellement grand. La pièce fut donnée en 1637. La cour & la ville ne se lassoient point de la voir représenter. On admiroit ces coups de maître où le fils le plus amoureux sacrifie son amante à son père; où ce même fils entre chez sa maîtresse qui vient de promettre sa main au vainqueur de son amant. Il étoit passé en proverbe de dire, *cela est beau comme le Cid*. On en sçavoit par cœur des scènes entières. Corneille avoit, dans son cabinet, la pièce traduite en toutes les langues de l'Europe, hors l'Esclavone & la Turque.

Un succès si prodigieux ne faisoit qu'augmenter le dépit secret du cardinal. Il voyoit tomber, foit au théâtre, foit à la lecture, prefque toutes fes productions ou celles de fes bas protégés. Sa jaloufie étoit au comble. Il voulut paffer pour être l'auteur du Cid. Mais l'auteur préféra la gloire à toutes les richeffes qui lui furent offertes, & brava celui qui l'avoit cru capable de penfer autrement.

Le cardinal s'en vengea ; mais de quelle manière ? En fe liguant contre la pièce nouvelle, en excitant fourdement la plus odieufe cabale. Elle le fervit au-delà de fes efpérances. Il s'éleva mille voix pour étouffer celle du public. Les foyers de la comédie, les promenades, les fociétés particulières, retentiffoient des cris de cette foule de frondeurs mercénaires. Il n'y avoit point encore de caffés. Ils euffent été pour le Cid, ainfi que le parterre. Dans ce déchaînement univerfel des poëtes contre Corneille, Rotrou, le fublime Rotrou, fut le feul qui refufa de fe prêter à l'indigne manœuvre d'un miniftre defpotique & jaloux de régner fur les écrivains comme fur les rois. Ce courage dans Rotrou lui fait d'autant plus d'honneur, qu'étant pauvre
& grand

& grand joueur, il avoit besoin des graces de la cour. Aussi s'attacha-t-il pour jamais Corneille. L'auteur du Cid appelloit celui de Venceslas son père, le consultoit avec docilité, & faisoit usage de ses conseils. Rotrou & moi, disoit quelquefois Corneille, ferions *sauter des saltinbanques :* expression basse, mais qui signifioit que leurs pièces auroient réussi bien ou mal joués.

Le cardinal cachoit de son mieux ses mauvaises intentions. Il faisoit en public l'éloge de celui dont il étoit l'ennemi secret. Il le récompensoit en ministre équitable & libéral, & le déchiroit en auteur jaloux & caustique. Il eut la politique de mettre ce poëte au nombre des cinq qu'il faisoit travailler à des drames sur ses idées & sur ses plans, distribuant à chacun un acte, & finissant, par ce moyen, une pièce en moins d'un mois. La tragi-comédie de *Mirame*, mise sous le nom de saint-Sorlin, est de son éminence, de même que trois autres comédies, les *Thuilleries*, l'*Aveugle de Smyrne*, & la *grande Pastorale*. Dans cette dernière pièce, il y avoit jusqu'à cinq cent vers de sa façon ; mais elle n'est point imprimée.

Personne ne fut la dupe de l'apparence d'impartialité du cardinal. On sçavoit que le plus sûr moyen de lui plaire étoit de médire du Cid. Bientôt toutes les chenilles du théâtre, les ames vendues au ministre, lui firent offre de leur plume. Il accepta celle de Scudéri, de cet écrivain le fléau de la raison, du goût & de ses lecteurs, de cet odieux & boursoufflé chantre d'*Alaric* ou de *Rome sauvée*, de ce poëte si fécond & si stérile, ridiculisé par Despréaux & tant d'autres. Ses pièces de théâtre sont l'antipode du sens commun. Il croyoit pourtant son *Amour tyrannique* un chef-d'œuvre. Il se vantoit d'avoir eu quatre portiers tués à une de ses pièces, & disoit : » Je ne le » céderai à Corneille que lorsqu'on en » aura tué cinq au Cid ou aux Hora- » ces «. Ce même homme, hors d'état de faire, de sentir, un seul beau vers de Corneille, eut la présomption de se porter pour son juge, & publia des observations sur le Cid.

Selon Scuderi, la pièce est détestable d'un bout à l'autre. *Le sujet en est* ridicule ; les premières loix du théâtre y font violées. Point de jugement, point de conduite dans la contexture; nulle ombre de vraisemblance dans les situations. Les vers y sont foibles ou ne disent rien. Le peu de beautés qui s'y trouvent sont un vol d'une pièce Espagnole. Qui doute que le Cid, à certains égards, ne fût susceptible de critique ? Mais quel homme alors en eût pu faire une bonne ? L'art étoit inconnu à tout le monde, excepté à Corneille. Les observations de son plat Zoïle furent chargées de personnalités & d'aucun bon raisonnement.

Tout Paris avoit lu cette brochure, avant que Corneille sçût qu'on l'eût faite. Il y répondit à la fi... nais très-succinctement & de ce ton de maître que sa grande réputation l'autorisoit à prendre. Il releva les expressions offensantes pour sa personne ou pour celle de tant de gens respectables devant qui la pièce avoit été jouée, & se moqua de ce qui ne tomboit que sur l'ouvrage. » Avez-vous oublié, disoit-
» il à son ridicule contempteur, que
» le Cid a été représenté à l'hôtel de
» Richelieu & au louvre ? Vous avez

» traité la pauvre Chimène d'impudi-
» que, de proſtituée, de parricide, de
» monſtre. La reine pourtant, les prin-
» ceſſes, & les plus vertueuſes dames
» de la cour, l'ont reçue & careſſée en
» fille d'honneur «. *Je ne vous crains ni ne vous aime*, diſoit encore Corneille à Scudéri.

Cet obſervateur répliqua par une lettre adreſſée à l'académie Françoiſe. Le ton de la lettre eſt celui d'un rodomont & d'un vrai capitan de comédie. L'auteur s'y donne pour un homme de grande conſidération dans le monde, fêté dans les meilleures compagnies, tenant à la cour par ſa naiſſance, & connu de l'univers entier par ſes poëſies. En un mot, dit-il, *je m'appelle Scudéri*. Sa réplique n'eſt qu'une répétition des remarques qu'il avoit faites. Il ſoutient que le jeu des acteurs fait tout le mérite du Cid, & prophétiſe que la pièce tombera néceſſairement à la mort de Mondori, de La Villiers & de leur troupe. Il cite Corneille au tribunal de l'académie, le défie d'oſer y comparoître & d'en être renvoyé ſans qu'on le condamne ſur tous les points relevés. C'eſt qu'il sçavoit bien que la plus grande partie de l'académie étoit gagnée par le cardinal, & que la décision que porteroit cette compagnie naissante, formée sous ses auspices, ne pouvoit manquer d'être favorable à son protecteur. Scudéri n'appelloit de son jugement au jugement des académiciens, ne leur soumettoit ses lumières, que de l'avis du ministre lui-même. Richelieu se flattoit que, si les dépositaires du bon goût venoient à prononcer, leur jugement deviendroit celui de la nation.

Les brochures de Scudéri furent applaudies par tous ceux de sa cabale. Son ton avantageux, ses fanfaronnades, se terminèrent par un cartel de défi. » Qu'il vienne, crioit-il à Cor-
» neille, qu'il voie & qu'il vainque,
» s'il peut. Soit qu'il m'attaque en sol-
» dat, soit qu'il m'attaque en écrivain,
» il verra que je me sçais défendre de
» bonne grace «. On sera moins étonné de la proposition, lorsqu'on se rappellera que cet auteur avoit porté les armes, & qu'il avoit le gouvernement de Notre-Dame de la garde, en Provence. Bachaumont & La Chapelle, dans leur *Voyage*, plaisantent beaucoup de

ce gouvernement, dont Scudéri ne parloit qu'avec emphase.

> Mais il vous faut parler du fort,
> Qui sans doute est une merveille :
> C'est Notre-dame de la garde,
> Gouvernement commode & beau,
> A qui suffit, pour toute garde,
> Un Suisse avec sa hallebarde,
> Peint sur la porte du château.

Le duel n'eut point lieu. La bravoure n'est pas la vertu favorite des auteurs ; ou plutôt Corneille méprisa de pareils ennemis. Il prit le meilleur parti, celui de se taire & de leur laisser un champ libre. Ce fut alors qu'un tas d'écrivains obscurs, enhardis par l'impunité de la satyre, ou par l'idée d'avoir part aux bonnes graces du cardinal, s'acharna, comme à l'envi, contre le plus bel ornement de son siècle, contre le créateur de la scène Françoise. Corneille vit avec dédain ce peuple famélique d'habitans du parnasse s'entrebattre pour le déplacer du haut du mont. Ce qui le blessa le plus, ce fut de voir un petit auteur fripon, nommé *Claveret*, qu'il avoit sauvé de la faim & de la misère, devenir le plus ardent à lui nuire. Cette vipère, acharnée contre son bienfaiteur, étoit l'ame damnée de la cabale. *Claveret* faisoit, dans les ténèbres, des libelles affreux; &, non content des siens, il ramassoit, vendoit, colportoit ceux des autres.

Cependant le cardinal ne perdoit pas de vue son projet d'obtenir de l'académie une décision favorable. Il sollicita vivement le corps pour donner son avis & prononcer entre Scudéri & Corneille. La compagnie sentit combien la chose étoit délicate. De peur d'encourir l'indignation du cardinal, ou de compromettre son infaillibilité supposée en matière de goût, elle tâcha d'abord d'éluder la commission. Elle s'excusa sur ce qu'avant d'analyser les ouvrages d'un membre de l'académie, il falloit que l'académicien intéressé consentît à cet examen ; sans quoi l'on alloit directement contre les statuts de la compagnie. Elle remontra qu'il n'y avoit pas apparence de rien obtenir sur cela de Corneille. Mais cet obstacle n'en parut pas un au cardinal : il se chargea & vint à bout de tout. Corneille, sollicité de se prêter à l'examen du Cid, c'est-à-dire à sa condamnation, ne fut jamais plus grand qu'alors. Ce poëte au-deſſus de la critique, comme au-deſſus de ſon ſiècle & de ſes rivaux, donna ſon conſentement. Il apprit ſon arrêt ſans ſe plaindre.

On ſçait que les *Sentimens de l'académie Françoiſe ſur le Cid* ſont un chef-d'œuvre en ce genre. De toutes les critiques, c'eſt peut-être la ſeule bonne & qu'on puiſſe lire avec fruit. Des Fontaines dit que qui voudroit s'inſtruire compareroit cette critique avec l'examen qu'a fait Corneille lui-même de ſa pièce.

Les académiciens manquèrent cependant quelquefois de jugement. Ils appuyèrent trop ſur les vers, & n'examinèrent pas aſſez les ſituations. Ils eurent ſurtout très-grand tort de condamner l'amour de Chimène. Selon M. de Voltaire, » aimer le meurtrier » de ſon père & pourſuivre la ven- » geance de ce meurtre, étoit une » choſe admirable. Vaincre ſon amour » eût été un défaut capital dans l'art » tragique, qui conſiſte principale- » ment dans les combats du cœur «. Et d'où vient en effet cet intérêt ſi vif & si tendre qu'on prend à Zaïre ? de son indétermination au christianisme, du partage de son cœur entre le dieu des chrétiens & le sultan. A l'égard du reproche de plagiat, la critique étoit mieux fondée. Le Cid, après tout, est fait sur *Guillain de Castro*, & se trouve, en bien des endroits, une traduction simple, ainsi que dans d'autres une imitation embellie, originale.

Corneille a tant de beautés, qu'elles demandent grace pour ses défauts, qui sont un stile bas, des intrigues froides, des amours déplacés & fades, des raisonnemens alambiqués. Il faut oublier ses premières & ses dernières pièces en faveur de ses chefs-d'œuvre. Qu'on ne songe point à Corneille si souvent déclamateur, mais à Corneille unique pour les grands caractères & le sublime de l'héroïsme ; à Corneille élevant le génie de la nation, & s'ouvrant une carrière dans laquelle ses rivaux voulurent l'arrêter, mais dont les efforts réunis ne servirent qu'à lui faire doubler ses pas de géant.

Les Horaces, Cinna, Polieucte, furent le fruit de la persécution. A la première représentation des Horaces, le bruit courut que le cardinal & deux autres personnes accréditées de la cour sollicitoient une critique plus sanglante que celle du Cid. Mais Corneille ne s'en inquiéta point. *Horace*, dit-il, *fut condamné par les duumvirs, mais il fut absous par le peuple.* Le peuple, qui ne raisonne point, mais qui sent, fut en effet presque toujours pour Corneille, contre tous les traits de la satyre & de la malignité. Le public, qui revient à la longue des jugemens où la précipitation l'entraîne quelquefois, vengea celui qui tiroit notre théâtre du chaos. Tôt ou tard, les cabales sont confondues, & l'écrivain supérieur triomphe.

A la mort du cardinal, Corneille, qui n'en avoit jamais reçu de bienfait sans mélange de quelque injustice, fit ces vers :

> Qu'on parle mal ou bien du fameux cardinal,
> Ma prose ni mes vers n'en diront jamais rien.
> Il m'a fait trop de bien pour en dire du mal ;
> Il m'a fait trop de mal pour en dire du bien.

Piganiol de la Force remarque, d'après un autre écrivain aussi spirituel que lui, que le corps de ce ministre ambitieux est placé dans le même endroit où étoient auparavant les latrines du collège de Calvi: » Soit, dit-il, » que la providence, qui gouverne » tout, ait voulu humilier, après sa » mort, un homme qui avoit joué un » si grand rôle dans le monde; soit » qu'elle ait voulu confondre l'or- » gueil des hommes, en leur faisant » voir où se terminent les honneurs » qu'ils estiment le plus «.

Corneille étoit de Rouen, fils d'un maître des eaux & forêts. Il suivit d'abord le barreau. L'amour développa ses talens pour le genre dramatique, & le dégoûta de sa première profession, qu'il avoit exercée sans succès. Ce grand homme est mort en 1684, dénué de fortune & même dans la misère, si le trait suivant est vrai. Louis XIV donnoit, une fois le mois, une espèce d'audience à Despréaux & à Racine. Un jour le roi demanda au premier ce qu'il y avoit de nouveau dans la littérature à Paris. Despréaux répondit qu'il ne sçavoit rien qui méritât d'être rapporté à sa majesté. Racine prit alors la parole, & dit qu'il avoit vu, la veille, un spectacle touchant chez Corneille, qu'il avoit trouvé mourant & n'ayant pas de bouillon. Le roi garda le silence, &, dès le même jour, il fit donner au moribond une somme d'argent. Nous avons de Corneille l'*Imitation de Jésus-Christ* mise en vers; traduction trop peu lue. On a dit qu'il avoit sa place marquée toutes les fois qu'il alloit au spectacle, qu'on se levoit pour lui & qu'on battoit des mains. Quelque honorable que ce fait soit au talent, un auteur grave le contredit. Corneille aimoit la gloire; mais il dédaignoit le faste. Rien en lui n'annonçoit l'homme de génie. Son extérieur étoit simple & négligé, sa prononciation embarrassée, son air distrait & timide, sa conversation sans agrément & sans vivacité. Aussi disoit-on que, pour retrouver le grand Corneille, *il falloit aller l'entendre à l'hôtel de Bourgogne.*

MILTON,
ET
SAUMAISE,

Il s'agissoit dans cette querelle de la cause des rois. Mais quelle différence de l'écrivain qui les combattit avec l'écrivain qui prit leur défense ?

Milton est un génie unique, un prodige d'imagination. Il faut remonter jusques à Homère, pour trouver un poëte de cette chaleur & de cet enthousiasme. Il est bien singulier que les climats froids d'Angleterre aient produit une imagination aussi vive que les plus ardentes qui soient jamais sorties de l'Italie ou de la Grèce. Dès la plus tendre enfance, Milton donna des marques de son talent décidé pour les vers. Il ne fit depuis qu'entretenir ce beau feu par tout ce qui nourrit & fortifie l'esprit des hommes, la lecture, la réflexion, les voyages, l'habitude d'écrire. Il étoit sçavant, comme s'il ne lui suffisoit pas d'être homme de génie. Les Anglois lui donnent le surnom de *divin*, & c'est principalement à cause de son *Paradis perdu*. Il avoit plus de cinquante ans, lorsqu'il commença ce poëme... Virgile, à cet âge, avoit fait son *Enéide*. Il s'en faut bien que les Anglois aient toujours eu la même opinion du poëte qu'ils placent au-dessus de tous les poëtes épiques. Milton devint aveugle & pauvre, comme Homère; mais on ne l'égala jamais, de son vivant, au poëte Grec. Le libraire Tompson eut de la peine à se charger de l'impression du *Paradis perdu*; &, si cet ouvrage a depuis enrichi sa famille, Tompson lui-même ne trouva pas de lecteurs pour le vendre. C'est le célèbre Addisson, à qui sa patrie & le monde entier ont l'obligation de la découverte d'un trésor caché. Le judicieux Addisson voulut lire le *Paradis perdu*, sur l'éloge que lui en firent quelques amateurs. Il fut frappé de tout ce qu'il y trouva; des images grandes & sublimes; des idées neuves, hardies, effrayantes, & faites pour l'imagination Angloise; des coups de lumière avec d'épaisses ténèbres, & des écarts de génie & de raison. Ce poëme est une belle horreur, un ensemble bisarre & magique. Sans une impertinente farce Italienne que Milton vit représenter à Milan, peut-être n'eut-il jamais chanté les anges ni le diable. Elle étoit intitulée *Adam, ou le Péché originel*. Il démêla toute la noblesse d'un sujet dégradé par l'exécution. Il en fit d'abord une tragédie qu'il a laissée à moitié, ensuite un poëme épique qu'il a fini.

Croiroit-on qu'un écrivain obscur & mauvais patriote ait osé, depuis quelques années, s'élever à Londres contre le culte qu'on y rend à l'Homère Anglois? Cet écrivain a donné différens ouvrages, dans lesquels il prétend démontrer que Milton a tout puisé dans je ne sçais quelles rapsodies Latines d'un professeur de rhétorique Allemand. Mais on n'a fait que rire, en Angleterre, des idées du démonstrateur. Milton, quoi qu'on en dise, est toujours Milton, un génie supérieur à tous ses critiques, l'homme le plus fait pour aggrandir les idées des autres hommes. Il avoit observé que son esprit produisoit dans une saison plus heureusement que dans une autre. Son imagination étoit dans sa plus grande vivacité depuis le mois de septembre jusqu'à l'équinoxe du printemps.

Saumaise n'avoit aucune des grandes qualités de son adver.ire. Beaucoup d'érudition Grecque & Latine, mais une érudition sans choix, très-peu de discernement, une présomption sans bornes, un fonds caché de jalousie d'auteur, un penchant insurmontable à les vouloir tous régenter ; voilà ce qui caractérise le fameux Aristarque de son siècle. Il soutenoit la plus belle cause du monde ; mais il la gâta par son excès de pédantisme. Un sçavant, hérissé de Grec, d'Hébreu & d'Arabe, entreprendre de triompher d'un génie tel que celui de Milton !

Les deux athlètes entrèrent en lice à l'occasion de l'énorme attentat de la nation Angloise contre l'infortuné Charles I. On peut appliquer à ce prince l'épitaphe qu'on fit à la malheureuse reine d'Ecosse, Marie Stuart, décapitée comme lui : ʺ Ci gît, parmi les ʺ cendres de Marie, la majesté de tous ʺ les rois violée & foulée aux pieds ʺ. Charles I, qui, comme tous les Stuarts, avoit l'ame également grande & foible, s'étoit dressé lui-même l'échafaud, pour n'avoir pas sçu montrer de la fermeté quand il le falloit. Sa mort tragique, arrivée en 1648, étonna toutes les puissances de l'Europe; mais aucune n'arma pour le venger. Les factieux, ayant Cromwel à leur téte, crurent leur attentat légitime, & voulurent le faire paroître tel aux yeux des nations. C'est pour se justifier à ceux de toute l'Europe, qu'ils firent écrire Milton en leur faveur.

Cet écrivain, naturellement audacieux & républicain, échauffé par l'esprit du temps & la fureur des guerres civiles, composa son livre sur *le Droit des rois & des magistrats*. Il veut y prouver qu'un tyran sur le trône est comptable; qu'on peut lui faire son procès; qu'on peut le déposer & le mettre à mort. Milton porta d'autres coups à l'autorité royale, fit d'autres ouvrages si séditieux & si terribles, que Cromwel lui-même en appréhenda les suites, & le pria d'écrire plus modérément. Mais la retenue que s'imposa cet apologiste des plus noirs forfaits ne fut pas longue. Sa plume éloquemment féconde, & vouée à l'indépendance

& aux changemens, enfanta écrits sur écrits, pour achever la révolution commencée & pour établir la nouvelle domination. Les factieux récompensèrent l'écrivain qui les servoit si bien. Milton fut secrétaire d'Olivier Cromwel, de Richard Cromwel, & du parlement qui dura jusqu'au temps de la restauration.

Quoique tous les livres en faveur des parlementaires rebèles eussent été composés par des écrivains plus factieux encore, & que l'esprit seul qui dictoit ces ouvrages dût les rendre méprisables, ils ne laissoient pas de faire des impressions profondes dans les têtes même les mieux organisées. L'Europe entière avoit à trembler pour la constitution des états. Charles II étoit plus intéressé qu'aucun prince à la réfutation de ces abominables libèles. Aussi fut-ce une des choses qu'il eut principalement à cœur dans ce renversement inconcevable de toutes les loix. Il chercha, pour les faire revivre, une excellente plume. Mais qu'il se méprit étrangement, en s'arrêtant à celle de Saumaise. Le choix ne pouvoit être plus mauvais. Le temps & les circonstances empêchèrent ce prince d'avoir recours à plusieurs beaux-esprits, qui depuis ornèrent sa cour devenue une des plus magnifiques & des plus galantes de l'Europe. Il ne fut pas en son pouvoir d'employer un *Cowley*, digne rival de Pindare & le chantre des infortunes de David ; un comte de *Rochester*, ce Juvénal Anglois ; un *Waller*, le Voiture & le Chaulieu de l'Angleterre ; le premier de cette nation qui, dans ses vers, ait consulté l'harmonie, ait cherché l'arrangement des mots & le goût dans le choix des idées ; ce poëte, qui, vivant à la cour avec soixante mille livres de rente, cultiva toujours son talent pour les vers agréables & faciles ; le même qui, en ayant fait à la louange de Charles II, les lui présentant & s'entendant reprocher qu'il en avoit fait de meilleurs pour Cromwel, répondit au prince : *Nous autres poëtes, nous réussissons mieux dans les fictions que dans les vérités.* Il ne falloit rien moins que ces génies pour se mesurer avec Milton.

Une cause aussi bonne que celle d'un roi mort sur l'échafaud, d'une famille errante dans l'Europe, & de tous les

rois même de l'Europe, intéressés dans cette querelle, fut plaidée, comme on l'avoit bien prévu, doctement & ridiculement. Saumaise intitula son livre : *Défense des rois* (*). Le début seul de l'ouvrage fait rire. » Anglois, qui vous
» renvoyez les têtes des rois comme
» des balles de paume ; qui jouez à la
» boule avec des couronnes ; qui vous
» servez de sceptres comme de ma-
» rottes, &c. «

Les monarchomaques triomphèrent. Milton répondit sans peine au livre de la défense des rois, par un autre ouvrage sous ce titre : *Défense pour le peuple Anglois* (**). Jamais cette nation, si fertile en frondeurs, en libèles diffamatoires, n'en vit un pareil. A Paris, il fut brûlé par la main du bourreau ; & l'auteur eut, à Londres, un présent de mille livres sterlings. Cet ouvrage a, plusieurs fois, été réimprimé. Son principal mérite est celui des circonstances. Il y règne un ton continuel de déclamateur. Le stile en est

---

(*) *Defensio regia.*

(**) *Defensio prò populo Anglicano.*

insupportable. Il ne faut juger de Milton que par ses vers.

Mais, quelque mauvaise que fût sa prose, elle étoit encore supérieure à celle de son antagoniste. Saumaise, tout intrépide, tout exercé qu'il étoit dans les écrits satyriques, fut épouvanté de la réponse qu'on lui fit. De peur de s'en attirer une nouvelle, il garda le silence, & remit en d'autres mains la cause des rois. Pierre *Dumoulin*, bénéficier de Cantorbéry, & Morus, ministre de Charenton, s'en chargèrent : mais elle ne fut pas mieux plaidée qu'auparavant. Le *Cri du sang royal* (*) n'avoit rien d'imposant que le titre. Milton fondit sur ses deux nouveaux adversaires, comme un vautour sur sa proie, & les écrasa l'un & l'autre.

Les troubles d'Angleterre ressembloient à ceux d'Ecosse. On écrivit pour & contre Marie Stuart. Buchanan, esprit altier, audacieux & plus républicain encore que Milton, avoit ébranlé, par d'horribles libèles, les fondemens de l'autorité royale. Il se

―――――――――――――――――

(*) *Clamor regii sanguinis.*

vantoit de faire tomber les fers du monde entier. Barclai voulut défendre les loix, réfuter Buchanan; mais Barclai succomba. Les secousses données au trône d'Ecosse s'étoient fait sentir en Angleterre. Les idées républicaines y avoient prévalu. Toutes les autres y sembloient absurdes. Milton, avec moins de mérite, eût encore remporté facilement la victoire aux yeux des Anglois.

Il ne quitta la plume que lorsque les ennemis de la maison de Stuart posèrent les armes. Ils voulurent que cet écrivain fût compris dans l'amnistie que Charles II leur donna. Mais il fut déclaré, par l'acte même d'amnistie, incapable de posséder aucune charge dans le royaume. Il mena, depuis, une vie malheureuse. Il a laissé des enfans pauvres. Une de ses filles, morte il n'y a pas longtemps à Londres, y mendioit des secours publics. A la fin, elle excita la générosité d'une illustre princesse. Sans cette protectrice déclarée des lettres & des arts, le nom immortel de Milton n'eût pas été plus utile à sa fille, que ne l'est à leurs descendans celui de quelques-uns de nos premiers écrivains. Témoin un parent (*) de Corneille, & la postérité (**) de La Fontaine. Sous Auguste, ils auroient eu des titres pour avoir part à ses libéralités (***).

Milton, cet ardent ennemi des rois, le fut aussi de toutes les sectes qui dominoient dans sa patrie. Il ne voulut fléchir sous le joug d'aucune. Point d'église en Angleterre qui puisse se vanter de l'avoir eu parmi ses membres. Il eût mieux fait de garder cette neutralité dans les guerres civiles. Ce re-

---

(*) Il a fallu que les comédiens, par leur générosité, le vengeassent de la rigueur du sort. La représentation de *Rodogune*, donnée à son profit le 10 mars 1760, est une action qui les met au rang des meilleurs citoyens. Les clameurs de quelques gens de lettres ont procuré à la fille de M. Corneille l'avantage de l'éducation. M. de Voltaire, sollicité par eux, vient d'attirer chez lui cet unique rejetton du père de notre tragédie.

(**) Elle a le privilège d'être exempte de toute taxe & imposition. C'est plutôt une distinction qu'un secours.

(***) Comment en usa-t-il envers un petit fils de l'orateur Hortensius ? Après l'avoir comblé de biens & d'honneurs, après l'avoir magnifiquement vengé des rigueurs de la fortune, qui le réduisoit à l'indigence, Auguste voulut qu'il f   lt, pour conserver des rejettons d'un

doutable apologiste du parlement contre son roi, plia son génie altier à servir Cromwel; &, par une fatalité qui n'est pas rare, voulant être libre, il devint l'esclave d'un tyran.

BOSSUET,
ET
FENELON.

Il devoit en être de leur querelle, née dans le sein de la cour, comme de tant d'intrigues qui s'y passent, qui se bornent à brouiller quelques hommes & quelques femmes, & qui, après avoir fait tenir beaucoup de bons ou de mauvais propos, finissent par être oubliées. Les disputes du quiétisme, de l'amour pur & parfait, si humiliantes pour la raison humaine, auroient eu le même sort, sans le nom des personnages qui s'y trouvèrent entrainés; Louis XIV, madame de Maintenon, & les deux plus beaux génies qui fussent alors dans l'église. Ce fut une femme visionnaire qui les brouilla.

Son nom étoit *Bouvières de la Motte*, & sa patrie *Montargis*. Elle avoit épousé le fils de l'entrepreneur du canal de Briare, appellé *Guyon*. Devenue veuve à l'âge de vingt-cinq ans, ayant de la beauté, du bien, une naissance honnête, un esprit fait pour le monde, elle voulut y vivre comme dans un cloître, & s'entêta de ce qu'on appelle *spiritualité*. Elle accordoit avec ce goût un soin extrême de la parure, l'amour de la danse & des fêtes, une affectation à laisser *entrevoir une très-belle gorge*. Elle se tenoit longtemps à l'église, moins pour invoquer son *amour* (c'est le nom qu'elle donnoit à Jésus-Christ), que pour *être vue de son amant* dans le seigneur. On parla beaucoup de sa liaison, innocente sans doute, mais qui passa longtemps pour suspecte, avec Lacombe, barnabite, natif de Tonon en Savoye, homme débauché dans sa jeunesse, dévot & mystique dans l'âge mur, & mort fou.

Ce barnabite, qu'on nous dépeint d'une physionomie sinistre, d'un maintien imposant, apprêté, mais d'une conversation séduisante, fut le directeur de celle qui vouloit se donner, en

France, pour une Thérèse, & faire prendre son galimathias pour des révélations & des prophéties. Lacombe eut la confiance de madame Guyon. Ils se firent de ces ouvertures de cœur, de ces épanchemens que les seuls dévots connoissent. La pénitente faisoit trophée d'avoir un pareil directeur ; & le directeur ne se glorifioit pas moins d'avoir une semblable pénitente. *Dieu m'a fait la grace de m'obombrer par le P. Lacombe*, disoit madame Guyon : *J'ai obombré madame Guyon*, disoit le P. Lacombe.

Aussi singuliers l'un que l'autre dans leurs idées extravagantes de mysticité, dans leurs rafinemens d'amour pur, en se communiquant leurs erreurs, ils les réduisirent en système. Il ne fut plus question que de les publier & de leur donner du crédit dans le monde. Cette ambition d'avoir des disciples, la plus forte peut-être de toutes celles du cœur humain, commune aux grands dévots, aux grands philosophes & aux grands scélérats, s'empara de nos deux mystiques.

Ils parcoururent le pays de Gex, le Dauphiné, le Piémont, & s'y montrèrent partout en apôtres. Ils y prêchoient le renoncement entier à soi-même, le silence de l'ame, l'anéantissement de toutes ses puissances, le culte intérieur, une indifférence totale pour la vie ou la mort, pour le paradis ou l'enfer. Un amour vif & désintéressé devoit tenir lieu de tout. Ils faisoient de cette vie une anticipation de l'autre, une extase sans réveil, une jouissance continuelle de bonheur pour les ames tendres & pieuses. Celles qui tenoient encore à la terre, apprenoient d'abord à s'en détacher dans le livre intitulé *le Moyen court*; mais celles qui avoient pris leur vol dans le sein de Dieu même, se baignoient dans une mer de délices célestes, & flottoient sur les *ondes impétueuses des torrens.*

Les nouveaux apôtres n'établissoient, dans l'exposition de leur doctrine, que des principes très-vrais à quelques égards, mais dont ils tiroient des conséquences très-fausses & très-dangereuses. Toutes les passions y trouvoient leur compte, la volupté, l'orgueil, & sur-tout la paresse. On arrivoit, par un chemin tout semé de fleurs, à ce que la perfection a de plus sublime.

Le directeur & la pénitente s'attirèrent d'abord quelque persécution. Elle ne fit que les rendre plus respectables. La foule de leurs prosélytes grossit. On se laissoit prendre aux exhortations, à l'air insinuant du P. directeur. Mais les principales conquêtes furent dues à la compagne de son zèle & de son apostolat. Ses aumônes considérables, son éloquence naturelle, les charmes de sa figure, gagnèrent les imaginations tendres & flexibles. Des femmes foibles, des religieux jeunes & plus foibles encore, sentirent bientôt leur cœur brûler de l'amour pur. Ils n'avoient jamais tant aimé Dieu, que depuis qu'ils l'aimoient dans madame Guyon. Elle eut des adorateurs jusques dans la grande chartreuse.

Le jeûne acheva d'affoiblir son cerveau. Elle se donnoit les titres les plus extravagans, se qualifioit de *femme enceinte de l'apocalypse, d'épouse de Jésus-Christ, supérieure à sa mère, de prophétesse, de fondatrice d'une nouvelle église*, &c., &c. *Ce que je lierai*, disoit-elle, *sera lié, ce que je délierai sera délié : je suis cette pierre fichée par la croix sainte, rejettée par les architec-*

tes. Quand son esprit prophétique s'emparoit d'elle, on croyoit entendre les Ezéchiel & les Isaïe. Elle imitoit leur langage véhément & figuré. Elle prophétisa que tout *l'enfer se banderoit contr'elle; que la femme seroit enceinte de l'esprit intérieur, mais que le dragon se tiendroit debout devant elle.* Cette vision, dont elle fit confidence au P. Lacombe, ne se trouva pas totalement fausse. Etant de retour à Paris, en 1687, & continuant à prêcher à leur ordinaire, ils s'y attirèrent des ennemis puissans.

Harlai de Chanvalon étoit alors archevêque. Ses mœurs ne furent point à l'abri de la critique : on l'accusoit d'aimer les femmes. Mais celle-ci n'éprouva que des rigueurs. Il obtint un ordre du roi pour qu'elle fût enfermée. On la mit dans le couvent de la Visitation de la rue saint Antoine. Pour le P. Lacombe, on lui fit l'honneur de le mettre à la Bastille. On l'accusa d'avoir séduit sa pénitente, d'avoir profité de ses momens de folie pour attenter à sa vertu. Mais ces accusations parurent, dans la suite, très-injustes, malgré tout ce qui déposoit contr'eux ; malgré des lettres interceptées, où le langage de l'amour étoit traité de la manière la plus tendre & la plus vive ; malgré l'expofition d'une morale qui préfente fans ceffe à l'imagination des images indécentes, des idées de lubricité. Les gens fenfés regardèrent toujours Lacombe & la Guyon, comme deux perfonnes de bien dont l'efprit étoit aliéné, mais dont il falloit refpecter les mœurs.

Heureufement pour la pénitente, elle s'étoit fait des protections. Avec fon beau fyftême de ne s'inquiéter de rien, elle n'avoit pas laiffé d'agir & de fe précautionner contre les orages qui la menaçoient. Elle s'étoit affurée d'une coufine qu'elle avoit dans la maifon de S. Cyr, nommée la *Maifon-Fort*, d'une ancienne famille de Berry, parente très-eftimable, & devenue la favorite de madame de Maintenon. Les duchefses de *Charôt*, de *Chevreufe*, de *Beauvilliers*, de *Mortemar*, toutes femmes de piété, s'intéreffèrent à la délivrance d'une dévote faite pour amener le ciel fur la terre, & la changer en un féjour de calme & de félicité parfaite. On crie à l'injuftice. On parle à madame de Maintenon, qui, sur le champ, agit pour faire relâcher cette femme extraordinaire. Les ordres furent donnés. L'archevêque voulut d'abord les éluder ; mais, trop bon courtisan pour résister toujours, il rendit bientôt madame Guyon aux empressemens de ses amies.

Libre, elle vole à Versailles, est introduite dans S. Cyr, & c'est là qu'elle fit connoissance avec l'abbé de Fénélon : c'est là que se formèrent leurs liaisons innocentes, leur commerce de dévotion & de spiritualité si fatal à tous deux.

L'abbé de Fénélon, né dans le Périgord en 1651, élevé par l'évêque de Sarlat son oncle, dirigé par l'abbé Tronson, au séminaire de S. Sulpice, employé plusieurs années à la conversion des Calvinistes, prédicateur, théologien, & très-bel esprit, étoit encore l'homme du royaume le plus aimable. Abeille légère & difficile dans son choix, il n'avoit pris que la fleur des sciences & des belles-lettres. Son génie étoit créateur & lumineux ; son goût sûr & naturel ; son imagination douce & brillante ; sa conversation instructive & délicieuse; sa plume celle même des graces. Charmant dans un cercle de courtisans & de femmes, de sçavans & de beaux esprits, souhaité partout, & ne se livrant qu'à des amis intimes, aimant & rendant aimable la vertu, fait pour le peuple & le grand monde, la ville & la cour, il n'y parut que pour en être l'idole. L'éducation des enfans de France lui fournit l'occasion de développer ses talens. Après avoir dîné, souvent en tiers avec madame de Maintenon, il alloit à saint Cyr faire des conférences dévotes. La dévotion étoit alors en règne à la cour. Les personnes de la plus haute qualité se rendoient à ces pieuses assemblées. On regardoit Fénélon comme l'apôtre de saint Cyr, de cette maison naissante destinée à devenir l'asyle de la piété, aussi bien qu'une ressource pour la noblesse indigente. Il est aisé d'imaginer combien madame Guyon fut empressée d'entendre le saint à la mode, un homme dont la façon de penser & de sentir étoit analogue à la sienne. Elle le vit, l'écouta, l'admira, l'aima sur-tout. Un rapport d'humeur, une sympathie invincible, un je ne sçais quoi de romanesque dans le caractère de l'un & de l'autre, les lia bientôt étroitement. Leurs ames pures & sensibles à l'excès n'en firent plus qu'une. Dans ses extases de joie, l'amante, saintement passionnée, disoit à son amant dans le seigneur : » O mon » fils ! mon cœur est collé au cœur de » Jonathas. Je mourrois s'il y avoit » le moindre entre-deux entre toi & » moi, entre nous & dieu. O mon » fils ! « Que ces paroles devoient faire une impression profonde dans le cœur tendre & vertueux de l'auteur de *Télémaque*, lui dont l'imagination s'embrasoit par l'idée de la candeur & de la vertu, comme celle des autres s'enflamme par les passions !

Madame Guyon avoit pris Lacombe pour son directeur ; mais elle ne fit de Fénélon qu'un disciple. Fière & sûre d'une telle conquête, elle s'en servit pour mettre en vogue toutes ses idées, & elle les répandit avec succès dans saint Cyr. L'évêque de Chartres, *Godet Desmarais*, dans le diocèse duquel est cette maison, fut instruit & allarmé de ce qui s'y passoit. Son esprit, ombrageux & timide, grossit encore les monstres qu'on lui présentoit pour les combattre. D'autre part, l'archevêque de Paris menaça de recommencer ses poursuites. De manière qu'une maison, choisie pour être un lieu de paix & de délices, alloit se changer en un séjour de discorde & de désolation. Madame de Maintenon trembla pour son ouvrage. Elle connoissoit l'horreur du roi pour toute ombre de nouveauté. D'ailleurs, dans son état de grandeur & de considération, elle n'eut pas été flattée en se mettant à la tête d'une espèce de parti. Sa résolution fut bientôt prise. Quelque attachement qu'elle eût pour madame Guyon, elle rompit avec elle, & lui défendit le séjour de saint Cyr.

L'orage contre Fénélon se formoit. Continuer ses liaisons avec une femme enthousiaste & suspecte d'opinions dangereuses, c'étoit risquer beaucoup. Il s'exposoit à perdre sa place & ses espérances. Il conseille à son amie de se mettre entre d'autres mains, de choisir un guide très-habile qui la conduiroit mieux, & désigne l'évêque de Meaux, Bossuet.

Personne alors, dans l'église Gallicane, n'avoit plus de réputation. C'étoit le Chryſoſtôme de ſon ſiècle. On l'a défini le ſeul homme éloquent parmi beaucoup d'écrivains de génie. Il fait autorité dans l'égliſe. Les moliniſtes & les janſéniſtes le citent également. On a de ce prélat, ainſi que de Fénélon, plus de cinquante ouvrages différens. Mais jamais l'un ne ſe fût immortaliſé ſans ſes *Oraiſons funèbres*, & ſon *Diſcours ſur l'Hiſtoire univerſelle*; non plus que l'autre, ſans ſon poëme ou roman admirable de *Télémaque*. Boſſuet, après s'être longtemps regardé comme le maître & l'ami du *ſecond des hommes pour l'éloquence, & du premier pour les qualités du cœur*, en étoit devenu le rival.

L'attention de Fénélon à lui renvoyer ſon amie, comme au ſeul oracle qu'il falloit conſulter, avoit l'apparence du procédé le plus louable. Mais Boſſuet reconnut mal cette marque d'eſtime. Il ne pardonna point à Fénélon; ſes talens & ſes vertus; ſa concurrence avec lui dans la charge de premier-aumônier de madame la ducheſſe de Bourgogne, & ſa démiſſion de l'abbaye de S. Valleri, le jour même qu'on lui donna l'archevéché de Cambrai ; démission édifiante sans doute, mais qui devenoit une critique sanglante de quelque prélats, & nommément de l'évêque de Meaux, qui, surchargé d'honneurs, possédoit aussi plusieurs bénéfices. Il se chargea de diriger madame Guyon. Cette femme, déjà célèbre, pouvoit ajouter à la gloire de ce grand homme, s'il étoit assez heureux pour qu'on la vît ramenée. Elle lui témoigna d'abord la plus grande confiance, communia de sa main, & lui donna tous ses écrits à examiner.

Bossuet, l'évêque de Châlons, depuis cardinal de Noailles, & l'abbé Tronson, supérieur de saint Sulpice, s'assemblèrent, pour cet examen, au village d'Issi. L'archevêque de Paris, *Chanvalon*, jaloux qu'on empiétât sur ses droits, & que d'autres que lui se portassent pour juges dans son diocèse, fit promptement afficher une censure publique des matières qu'on alloit examiner. On rit de cette censure précipitée. Madame Guyon se retira dans la ville de Meaux. Elle eut beaucoup de peine à souscrire à sa condamnation. Mais, enfin, elle fit le sacrifice de ses opinions à Bossuet qui l'exigeoit, & lui promit de ne plus dogmatiser.

Elle ne tint point sa parole. Son imagination, échauffée plus que jamais par les persécutions & par ses rêveries, se donna de nouveau carrière. La cour, fatiguée des plaintes qu'on lui faisoit, ordonna l'enlèvement de madame Guyon. Elle fut mise à Vincennes l'an 1695. Cette retraite n'étoit pas celle qui lui convenoit le mieux. Quel cerveau que celui d'une femme qui » épou-
» se Jésus-Christ dans une des ses ex-
» tases; qui suffoque de la grace in-
» térieure, & qu'on étoit obligé de dé-
» lacer; qui se vuide (à ce qu'elle
» disoit) de la surabondance de gra-
» ces, pour en faire enfler le corps
» de l'élu assis auprès d'elle ! « Elle n'avoit encore extravagué qu'en prose; mais à Vincennes elle composa des milliers de vers mystiques, parodia les opéra de Quinault, & ne mit aucune borne à sa folie.

Un écrivain célèbre observe que, dans le temps qu'on tenoit en France madame Guyon enfermée, on sollicitoit à Rome la canonisation de Marie d'*Agréda*, plus visionnaire elle seule que tous les myſtiques enſemble. L'univerſité de Salamanque & la Sorbonne étoient en guerre pour elle. L'une jugeoit Marie d'*Agréda* une grande ſainte, & l'autre la traitoit d'eſprit foible.

L'affaire de madame Guyon occupoit toujours Boſſuet. En la terminant avec gloire & promptement, il pouvoit avoir le chapeau de cardinal. La grande difficulté étoit de détacher l'abbé de Fénélon de la perſonne & des ſentimens de ſon amie. On lui parle, on lui écrit, on le preſſe ; mais on ne gagne rien ſur lui. Boſſuet croit qu'il l'emportera d'autorité. Il préſente à Fénélon une *Inſtruction paſtorale* ſur les livres examinés à Iſſi, & veut qu'il la ſigne. Fénélon eſt ſcandaliſé de la propoſition ; &, révolté de cet air d'empire, il répond qu'on ne *verra jamais ſon nom au bas d'un libèle*. Le livre des *Juſtifications* de madame Guyon parut alors. C'étoit auſſi bien celles de l'abbé de Fénélon. En travaillant à cet ouvrage, il ſe propoſoit de faire revenir le public ſur ſon compte & ſur celui de ſa protégée. Ce n'eſt pas qu'il penſât comme elle dans tout, qu'il donnât aveuglément dans toutes ses extravagances. Il croyoit cette femme plus entêtée que coupable ; pensant bien, mais s'exprimant mal; n'ayant d'autre crime que celui d'ignorer les termes sacrés de la théologie ; moins faite pour tromper que pour être trompée elle-même.

L'orage contre Fénélon grossissoit chaque jour. Ses amis lui cherchèrent un port assuré dans le sein de la tempête. On lui procura l'archevêché de Cambrai en 1695. Il fut sacré par l'évêque de Meaux. Les deux prélats se réconcilièrent. Il se firent des protestations d'estime & d'attachement : mais leur fond de jalousie mutuelle restoit. Les scènes de scandale, & de division dans la doctrine, recommencèrent à l'impression du livre des *Maximes des Saints*. Quand c'eût été les maximes des hommes les plus pervers, elles n'auroient pas fait plus de bruit. L'ouvrage souleva Bossuet & ses partisans. Ils jettèrent les hauts cris.

L'auteur des *Maximes des Saints* vouloit y rectifier tout ce qu'on reprochoit à madame Guyon. Son système n'étoit que le développement des idées orthodoxes des pieux contemplatifs. Il croyoit fauver leurs ridicules & leurs contradictions. L'ouvrage étoit écrit avec beaucoup d'art. Fénélon avoit jetté la lumière & des graces dans les fecrets profonds de la myfticité. Ses maximes enchantoient, touchoient, élevoient l'ame. La lecture en parut édifiante, & propre à une dévotion tendre. Les femmes dévorèrent le livre : elles l'appelloient un *livre d'or*, ou *la bible de la petite églife*. Cette vogue ne faifoit que révolter davantage ceux qui l'anathématifoient. Ils ne vouloient point admettre la réalité d'un état dans lequel on aime dieu fur la terre, abfolument & fans intérêt, pour lui-même. Ils foutenoient qu'il n'y avoit point de cas où l'on pût faire à dieu le facrifice du paradis & de fon falut. Les gens de cour s'amufoient beaucoup du chapitre du *Mariage de l'ame*. Paris fut inondé de chanfons & d'eftampes fatyriques.

Le livre des *Maximes* eft dénoncé au roi. Ce monarque, effrayé de voir les princes fes enfans élevés par un héréfiarque, parle à Boffuet, dont il révéroit le nom & les lumières. Boffuet le confirme dans ces sentimens, se précipite à ses genoux, lui demande pardon de ne l'avoir pas instruit plutôt de ce qui se passoit près de son trône, & d'avoir trop ménagé l'archevêque de Cambrai, dans le temps même qu'il lui porte le coup le plus sensible. Le P. de la Chaise fut aussi consulté: mais il vanta le livre; il dit qu'il n'y avoit que les jansénistes qui le trouvassent mauvais (*).

L'opposition des sentimens de l'évêque de Meaux & du P. de la Chaise; les allarmes de Louis XIV; l'embarras de madame de Maintenon, qui affectionnoit l'archevêque de Cambrai, mais qui redoutoit les opinions nouvelles; l'approbation donnée à son

―――――――――――

(*) On ignore si Bossuet étoit effectivement janséniste: mais il est bien certain qu'il n'aimoit pas les jésuites. On lui dit un jour, à table, que son neveu l'abbé Bossuet, depuis évêque de Troie, vouloit quitter le petit-colet pour entrer dans le service. L'oncle s'écria: *Tant mieux, je serai dispensé de faire ma cour aux jésuites.* A sa mort, il se répandit un bruit, qu'on avoit trouvé, parmi ses papiers, une *apologie des réflexions morales de Quênel.* Les jésuites s'inscrivirent en faux. On parla de produire le manuscrit original: mais l'on est encore à le montrer. Les auteurs de cette anecdote veulent, sans aucun fondement, que le neveu de Bossuet l'ait publiée.

livre par MM. Tronfon, Fleury, Hébert; le jugement impartial qu'en avoit porté le cardinal de Noailles : tout cela faifoit un grand bruit. Les efprits modérés cherchèrent à concilier les deux prélats. Mais, chacun croyant avoir également raifon, ils écrivirent l'un contre l'autre. Boffuet appella fon illuftre antagonifte le *Montan* de la *nouvelle Prifcille*. Ne craignoit-il point qu'on ne lui parlât de mademoifelle *Defvieux de Mauléon* (*), & qu'on

---

(*) On a prétendu qu'ils étoient mariés fecretement, qu'il n'avoit manqué a leur contrat de mariage que la célébration. Saint Hyacinthe, connu par la part qu'il eut à la plaifanterie de *Mathanafius*, paffa pour leur fils Boffuet, raconte-t-on, étoit très-jeune lorfqu'il contracta cet engagement. Mademoifelle Defvieux lui fit le facrifice de fa paffion & de fon état, pour ne pas mettre obftacle à la fortune que l'éloquence de fon amant lui procureroit dans l'églife. Elle confentit à ne point fe prévaloir de fes droits ; & l'on ajoute qu'elle n'abufa jamais d'un fecret dangereux. Boffuet, ceffant ainfi d'être fon mari, entra dans les ordres. Apres la mort du prélat, on régla les reprifes & les conventions matrimoniales. On cite, pour garant de la vérité de ce fait, une famille confidérée dans Paris, & qui l'a révélé. Malgré cela, ce mariage n'a peut-être pas plus de fondement que les liaifons fufpectes de Fénélon avec madame Guion. On peut affurer uniquement que mademoifelle Defvieux vécut toujours l'amie de l'évêque de Meaux, & qu'on refpecta leur union févère. Il lui acheta la petite terre de Mauléon à cinq lieues de Paris. Elle prit alors le nom de Mauléon, & a vécu très long-temps.

ne fit usage contre lui des bruits qui couroient sur leur compte ? Mais la voie odieuse de récrimination étoit indigne de l'archevêque de Cambrai. Les emportemens de ses ennemis ne le firent jamais sortir de sa douceur naturelle. Il se plaignoit sans imputer des crimes. Il disoit simplement à Bossuet, dont il connoissoit la violence & la politique : » Vous allez me pleu-
» rer partout, & partout vous me pleu-
» rez en me déchirant. «

Quand ils furent las d'écrire & de disputer inutilement, ils envoyèrent leurs ouvrages au pape, & s'en remirent à la décision d'Innocent XII. Les circonstances n'étoient pas favorables à Fénélon. Rome avoit, depuis peu, condamné le fameux Molinos, prêtre Espagnol, grand directeur & homme de bien. Son quiétisme paroissoit le même que celui de l'archevêque de Cambrai. Louis XIV avoit pressé la condamnation de Molinos, à la sollicitation de ses ennemis. Ainsi ce monarque étoit engagé, sans le sçavoir, à poursuivre l'amour pur & parfait des mystiques. Fénélon n'avoit pour lui que le cardinal de Bouillon, ambassadeur de France à Rome, & les jésuites, qui l'avoient traversé dans les commencemens de sa fortune & qui le servirent après : encore faut-il excepter les PP. la Rue & Bourdaloue, qui ne furent jamais de ses amis. La Rue fit en chaire une sortie contre le livre des *Maximes des saints*, & fut très-désapprouvé de ses confrères. Ils sollicitoient vivement à Rome en faveur de l'amour pur & désintéressé, pendant qu'on les accusoit en France de rejetter toute espèce d'amour divin. Leur histoire a été comparée à celle de M. Langeais, *poursuivi par sa femme, au parlement de Paris, pour cause d'impuissance ; & par une fille, au parlement de Rennes, ponr lui avoir fait un enfant.* Il perdit l'une & l'autre affaire.

L'évêque de Meaux avoit pour lui son grand nom, l'adhésion de plusieurs prélats de France, les signatures de quelques-uns & celles d'un grand nombre de docteurs, tous ligués contre les *Maximes des saints*. Il porta lui-même au roi ces signatures. Ce qui le servit le moins, c'est la députation de l'abbé Bossuet vers le saint siège. Le neveu étoit aussi médiocre que l'oncle étoit grand homme. On attendoit chaque jour la décision du pape. L'affaire traînoit en longueur par des manœuvres secrettes, par les divisions éternelles des consultans, qui sont des moines & rarement des prélats, qui ne s'occupent que d'intrigues & de plaisirs. Louis s'impatiente : il écrit lui-même à sa sainteté, pour qu'elle donne la paix à l'église de France. Il desiroit la condamnation des *Maximes des saints* autant que Bossuet. Le monarque étoit prévenu contre l'auteur & contre son systéme. Il se confirma dans ses idées, lorsque l'archevêque de Cambrai lui eut laissé entrevoir les siennes, dans une conversation qu'ils eurent ensemble. Fénélon parla de la religion & du gouvernement en romancier. En le quittant, le roi dit : *J'ai entretenu le plus bel esprit & le plus chimérique de mon royaume.* Cela rappelle la réponse de Bossuet à madame de Grignan, qui lui demandoit si Fénélon avoit tant d'esprit : *Ah, madame! il en a à faire trembler.*

En attendant que Rome décide, Fénélon est disgracié, malgré la protection toute-puissante de madame de

Maintenon & du P. de La Chaife, & malgré les larmes du duc de Bourgogne. Il perd fa place de précepteur des enfans de France. Sa difgrace entraîna celle de la plupart de fes parens & de fes amis. Ils furent privés de leurs emplois, ou chaffés de la cour. Enfin le dernier coup eft porté. Rome prononce, & Fénélon eft condamné. Dès qu'il le fçait, il monte lui-même en chaire & publie fa condamnation. Il donne un mandement contre fon livre, & fait faire, pour l'expofition du faint-facrement, un foleil dont un des anges, qui en étoient les fupports, fouloit aux pieds divers livres hérétiques, fur un defquels étoit le titre du fien. Des actions fi belles furent empoifonnées. On crut qu'il y entroit du fafte & de l'orgueil. Cette docilité, unique dans un homme de génie, lui gagna tous les cœurs. Le pape & les évêques l'en félicitèrent. Mais fes fuffragans fe comportèrent indignement. Ils firent infulter, dans fon palais, ce même prélat dont Marlborowg & fes Anglois refpectoient les terres, pendant que toutes les autres de la province étoient livrées aux flammes, au pillage.

On a dit, on a écrit même que Fénélon n'avoit été disgracié que pour s'être opposé à la publication du mariage de madame de Maintenon, qui devint son ennemie & trouva l'occasion de se venger : mais c'est un conte. Il est faux qu'au sujet de ce mariage on ait consulté Fénélon, & il est sûr que madame de Maintenon lui fut toujours attachée. La seule chose qui le perdit à la cour, c'est sa réputation de quiétiste & d'homme à projets. Les siens étoient admirables dans la spéculation, mais impraticables. Ses maximes de gouvernement approchent de la république de Platon.

Frappé de l'amour du bien & de l'humanité, plein de la lecture des anciens, il développa toutes ses idées dans le *Télémaque*. Est-ce Homère ou Virgile qui a tenu le crayon dans ce roman moral ? Il y a toute la pompe de l'un & toute l'élégance de l'autre, les agrémens de la fable & la force de la vérité, des descriptions nobles & sublimes, & des peintures riantes & naturelles. Les peuples trouvent, dans cet ouvrage, un ami zèlé qui ne cherche qu'à les rendre heureux ; & les rois un ennemi implacable de la flatterie. Partout la vertu s'y préfente fous mille formes, fuivie de la félicité. Quel ftile vif, naturel, harmonieux! Le *Télémaque* eft unique en fon genre. On y remarqua cependant des défauts ; mais on appuya davantage fur quelques méchancetés qu'on crut y voir. Les plus beaux tableaux furent jugés des portraits. Madame de Montefpan, Louvois, le roi Jacques, Louis XIV, n'étoient pas repréfentés à leur avantage. En quinze mois, il parut vingt éditions du *Télémaque*. Il fut imprimé la première fois fur une copie qu'un domeftique de l'auteur lui vola. *On difoit que fes Maximes des faints étoient un roman, & que le roman de Télémaque étoit les Maximes des rois.*

Retiré dans fon diocèfe, il y vécut occupé de la compofition de différens ouvrages ; faifant les délices de quelques amis intimes & tendres ; confulté des grands, & particulièrement du duc d'Orléans, depuis régent ; toujours regretté vivement, mais inutilement, par le duc de Bourgogne ; adoré des curés, des foldats, des pauvres de fon diocèfe, qui tous l'appelloient leur père ;

re; ayant enfin trouvé, ce femble, le bonheur véritable, &, malgré cela, parlant fans ceffe de la cour & la regrettant. Il reconnut, fur la fin de fa vie, la vanité des fciences, & fit quelques vers galans (*) dans le gout de ceux de Quinault.

Boffuet, dont le triomphe parut plus humiliant que la défaite de fon rival, mourut également dans fon diocèfe, avec la réputation d'un prélat zélé, laborieux & charitable. On prétend (**) que ces deux célèbres antagoniftes, qui combattirent avec tant de chaleur pour des matières de théologie, avoient une façon de penfer toute philofophique, & que, s'ils étoient nés à Londres, ils auroient donné l'effor à leur génie & déployé leurs principes, que perfonne n'a bien connus.

(*) Siécle de Louis XIV. Quiét.
(**) Siécle de Louis XIV.

Tome I. N

LE PERE BOUHOURS,

ET

BARBIER D'AUCOUR.

Bouhours eft, aux grands écrivains du fiècle de Louis XIV, ce qu'eft aux excellens peintres d'hiftoire un bon peintre en miniature. Il n'éleva jamais fa penfée à des chofes de génie. Il eft pur, clair, correct, élégant, agréable; mais jamais fublime. Le mérite de Bouhours eft celui du méchanifme & de l'art. On a dit qu'il ne lui manquoit, *pour écrire parfaitement, que de fçavoir penfer.*

D'Aucour, au contraire, écrivoit bien & penfoit encore mieux. C'eft encore un de ceux à qui Defpréaux n'a pas rendu juftice. D'Aucour, en plaidant, manqua de mémoire. Son aventure devint l'objet de la fatyre, & l'on jugea longtemps cet avocat d'après elle. Le temps & fes écrits l'ont vengé. C'eft un des meilleurs fujets qu'ayent eu l'académie Françoife &

le barreau. Il passe pour avoir ouvert la carrière aux Cochin, aux Aubri. Son plaidoyer pour un homme innocent, appliqué à la question, est un chef-d'œuvre; mais rien ne l'a plus fait connoître que les *Sentimens de Cléanthe sur les entretiens d'Ariste & d'Eugène*. Cette critique est à la fois l'ouvrage de l'esprit & du goût, & celui d'un mouvement de vengeance contre les jésuites.

D'Aucour est fort connu chez eux sous le nom d'*avocat sacrus*. Ce nom lui fut donné par leurs pensionnaires, parce qu'expliquant d'une manière indécente les tableaux énigmatiques, exposés dans l'église du collège de Louis le grand, & qu'étant prié d'avoir attention qu'il étoit dans un lieu sacré, il répondit brusquement, en faisant un barbarisme (*) : *Si le lieu est sacré, pourquoi les exposez-vous ?* Ce barbarisme le fit accompagner & huer jusqu'à la porte du collège. D'Aucour jura qu'il se vengeroit, & voulut punir tous les jésuites dans la personne

---

(*) *Si locus est sacrus, quare exponitis ?*

& dans les écrits du second Vaugelas de son siècle.

Bouhours soutint cette réputation dans tout ce qu'il fit. On estima sa *Relation de la mort chrétienne du duc de Longueville*. Sa *vie de saint Ignace*, & sur-tout celle de *saint François-Xavier*, furent très-bien reçues. Les gens du monde la lisoient avec plaisir. Il mit le comble à sa gloire, par la *manière de bien penser dans les ouvrages d'esprit* ; livre très-utile aux jeunes gens, pour leur former le goût, & leur apprendre à fuir l'enflure, l'obscurité, les pensées fausses & recherchées. Mais aucun de tous ses ouvrages n'a fait oublier les *Entretiens d'Ariste & d'Eugène*. On y trouve des morceaux admirables. Barbier d'Aucour attaqua ce livre au milieu de son plus grand succès. Il en donna une critique sous le titre de *Sentimens de Cléanthe sur les entretiens d'Ariste*, &c.

Tout ce qu'on peut exiger d'un observateur rigide & judicieux s'y trouve réuni, esprit de sagacité, finesse de goût, jugement sûr, nuances saisies avec force & clarté, très-bonne plaisanterie. La critique fut jugée parfaite.

Elle ajouta même à la vogue des *entretiens*. On ne voulut plus les lire sans les *Sentimens de Cléanthe*. Le grand Colbert & tous les amis du P. Bouhours ne purent s'empêcher de rendre justice à son judicieux Aristarque. D'Aucour commence par convenir de tout le bien qui s'y trouve: mais, après avoir analysé l'ouvrage, après en avoir décomposé toutes les parties, séparé le vrai du faux, le solide du superficiel, le beau du brillant, on voit clairement que le mauvais domine, que les défauts l'emportent sur les beautés, & que l'éloge se réduit à rien. Il dit que les *Entretiens* sont un livre, mais que *ce n'est que cela*. Amelot de la Houssaie compare cette critique à celle du *Cid*, & prétend que l'une a fait plus de mal au P. Bouhours, que l'autre à Corneille.

Le jésuite fut au désespoir, & crut toute sa gloire éclipsée. Ses amis tâchèrent de le consoler. Son confrère, le P. Commire, lui conseilla de ne pas répondre à d'Aucour, & de le regarder comme un écrivain qu'on honoreroit en le réfutant:

> Bouhours, ne rougis point de garder le silence.
> Il te faut méprifer Cléanthe & fon éclat.
> C'eft un jeune homme ardent qui, plein de confiance,
> Voudroit, pour s'illuftrer, t'engager au combat (*).

Mais le trait, lancé contre l'auteur des *Entretiens*, étoit entré trop avant dans fon cœur pour l'en arracher. Bouhours en fut bleffé tout le refte de fa vie. Il fit ce qu'il put pour faire fupprimer la critique, fans néanmoins vouloir compromettre fa réputation. Il gagna fecrettement des apologiftes de fes productions, & nommément l'abbé de *Montfaucon de Villars*, ce même abbé de Villars, fi connu par fon *Comte de Cabalis*, & par quelques autres ouvrages auffi finguliers. Cet abbé prit la défenfe des *Entretiens* dans un petit livre intitulé, *De la délicateffe*. Si l'on veut de l'efprit, de l'élégance, de l'agrément, on en trouvera beaucoup dans cette apologie : mais elle

---

(*) *Ne fit Buhurfi, magnanimo pudor*
Vanum Cleanthem ferre filentio,
Tuáque ne digneris ira
Pugnæ avidum juvenem fuperbæ.

manque de justesse & de raisonnement. Quelque inférieure qu'elle soit à la critique, Bouhours fut au comble de sa joie de se voir soutenu. Il écrivit à l'abbé de Villars pour l'en remercier. Sa lettre est l'expression même du sentiment.

Mais ce triomphe du jésuite ne fut pas long. Dès 1672, Barbier d'Aucour revint à la charge. Il publie une seconde partie des *Sentimens de Cléanthe*, dans laquelle, en réfutant l'abbé de Villars, il donne un supplément à la critique des *Entretiens d'Ariste & d'Eugène*.

Cette dispute fut terminée par cet écrit. Les armes tombèrent d'elles-mêmes des mains des combattans. Il faut convenir que personne, par son caractère, ne méritoit moins d'avoir des ennemis, que le P. Bouhours. Il étoit aussi bon citoyen, aussi bon ami, aussi bon religieux, qu'excellent puriste. On le surnomma *l'empeseur des muses*. Il dit lui-même qu'il n'avoit de talent que celui d'entrer dans la plus fine métaphysique de la *Grammaire*. C'est un de ceux qui ont fait le plus d'honneur à la société. Cependant elle ne le met point au rang de ſes grands hommes. Elle le regarde comme un auteur futile qui couroit après les mots. On raconte qu'ayant voulu mettre, dans toute la délicateſſe & dans toute la pureté de la langue, un ſermon de Bourdaloue, & que le lui ayant rapporté avec les changemens, Bourdaloue, ce génie mâle & rapide, fut tellement indigné de voir ſon ouvrage défiguré, qu'il le jetta par terre, & proteſta qu'il ne prêcheroit de ſa vie, s'il falloit qu'il le fît dans un goût ſi miſérable & ſi puérile.

L'ABBÉ BOILEAU,

et

JEAN-BAPTISTE THIERS.

L'*histoire des flagellans* a causé cette dispute. L'ouvrage amusa bien du monde dans le temps par la singularité du sujet, & par celle du génie de l'auteur, l'abbé Boileau. Cet esprit bisarre n'a jamais rien donné que de bisarre, la *vie des évêques*, la résidence *des chanoines*, les *habits des prêtres*, les *attouchemens impudiques*, les *flagellations*. C'étoit le frère aîné de Dépréaux. Le satyrique disoit de l'abbé que, *s'il n'avoit été docteur de Sorbonne, il se seroit fait docteur de la comédie Italienne*.

L'abbé Boileau commence par exposer, dans son *Histoire des flagellans*, tout le fanatisme de leur secte. Elle naquit en Italie, vers le treizième siècle, d'un mélange monstrueux de dévotion & de crime. Il n'en est point que les flagellans ne crussent expier en se fouettant en public. Dans cette idée des hommes & des femmes presque nuds, assemblés par milliers, précédés de prêtres qui portoient des étendarts & des croix, armés de toutes sortes de fouets, se déchiroient cruellement, marchant en procession deux à deux. Non contens d'avoir donné ce spectable pendant le jour, ils couroient la nuit les rues, espérant fléchir, par ce moyen, la justice divine. Ils disoient que le sang qui couloit de leurs plaies se méloit avec le sang de Jésus-Christ. Cette secte, que l'église voulut étouffer dès sa naissance, fit partout des progrès rapides. Elle gagna la Hongrie & l'Allemagne. La France s'en ressentit aussi. Les flagellations publiques y furent de mode. Henri III, dans la suite, les autorisa, les pratiqua. Il institua différentes sociétés de flagellans ou de pénitens bleus, gris, blancs, noirs : elles subsistent encore dans quelques villes des provinces éloignées de la capitale. Mais ces flagellans modernes n'ont rien de commun avec les anciens, si ce n'est les flagellations. Ce goût est principalement resté chez les Espagnols, & chez les

Italiens. Ils en tirent souvent vanité. Des amans vont se fouetter & se mettre tout en sang sous les fenêtres de leurs maîtresses.

L'idée de l'abbé Boileau n'étoit pas d'interdire ces actes de pénitence à ses compatriotes. Il sçavoit bien que cette maladie, autrefois épidémique, ne les regardoit plus ; que le parlement de Paris avoit donné, en 1601, un arrêt, à la requisition de l'avocat général Servin, qui condamnoit les flagellations publiques ; mais il avoit en vue certaines pratiques de quelques communautés de religieux & de religieuses. Il croyoit l'usage de la discipline établi chez eux très-contraire aux bonnes mœurs. Cet instrument de pénitence lui en sembloit un de damnation, surtout quand il n'est accompagné ni du jeûne, ni de la prière, ou des autres bonnes œuvres.

L'abbé Boileau n'avance rien que de vrai ; mais on craignit qu'il n'allât trop loin. Lorsqu'il voulut faire imprimer son livre, il se trouva fort embarrassé. Tous les docteurs lui refuserent leur approbation. Il su prit un privilège. Quand il présenta son manuscrit, le titre étoit : *Histoire des fla-gellans sur l'usage pervers des fouets* (*). Il fut obligé de mettre *bon* (**) au lieu de *pervers*, faisant entendre qu'on peut tourner à profit les disciplines.

Malgré cette précaution, à peine l'ouvrage est-il devenu public qu'il cause un scandale affreux. Les dévots & les dévotes, beaucoup de gens même qui ne l'étoient pas, mais qui se flat-toient de l'être un jour, crient ana-thême. Ils reclament la liberté des pé-nitences. Les religieux & les religieu-ses se plaignent qu'on les persécute, & se disciplinent avec plus de rage. Ils font agir de tous côtés pour que le li-vre soit supprimé, & le privilége ré-voqué. Mais tous les efforts de la ca-bale flagellante n'en put venir à bout. L'abbé Boileau la brava. Il avoit jusques-là gardé l'incognito d'auteur; mais alors il leva le masque, & publia que l'*Histoire des flagellans* étoit de lui, & la traduisit en françois.

Jean Baptiste Thiers en fut indigné;

(*) *Historia flagellantium de perverso flagrorum usu.*

(**) *De recto.*

mais il n'osa point encore prendre ouvertement le parti des dévots outrés. On ne le soupçonnoit point de l'être. Au contraire, même cet écrivain judicieux ne s'étoit fait un nom que par des dissertations presque toutes composées pour déraciner des abus. Il écrivit contre quelques saints & contre quelques reliques apocryphes, contre la sainte larme de l'abbaye des Bénédictins de Vendôme, & contre l'inscription du couvent des Cordeliers de Reims, *à Dieu & à saint François, tous deux crucifiés*. Mais d'autres temps, d'autres mœurs. Ce même homme se déclara, dans une lettre anonyme, pour l'usage de la discipline.

L'abbé Boileau fut très-maltraité. On disoit qu'il s'étoit étrangement oublié dans son livre; qu'il ne l'avoit fait que pour être lu des petits maîtres; que ses contes étoient plus licencieux que ceux de la Fontaine. On tournoit en ridicule la personne du docteur, son air, sa figure, ses manières, ses discours. Les jésuites approuvèrent la lettre anonyme. Leur suffrage blessa plus l'abbé que tout le reste. Pour se venger & justifier l'indécence qui se trouve dans plusieurs descriptions de l'*Histoire des flagellans*, il composa un recueil *de cas de conscience, métaphysiques & singuliers*, exposés & rendus très-librement par Sanchès. Mais l'ouvrage ne vit pas le jour. En récompense il donna le traité des *attouchemens impurs*. Les tableaux de l'Arétin (*) sont, à certains égards, moins indécens que les peintures que cet abbé y présente à ses lecteurs. On lut sa traduction de l'*Histoire des flagellans* avec le même esprit, qu'on lit les ouvrages les plus licencieux.

(*) L'Arétin traitoit en même-temps des sujets de dévotion. On a de lui une *vie de la Vierge*, & une *paraphrase des sept pseaumes de la pénitence*. Il s'acquit sur-tout de la célébrité par ses satyres, n'épargnant pas même les souverains. Il se glorifioit de leur faire entendre la vérité mieux qu'aucun prédicateur. De-là, son titre de *fléau des princes*. Ils achetoient son amitié par des présens considérables, & flattèrent tellement son orgueil, qu'il croyoit faire les fonctions du juge suprême, & remplir sa place sur la terre. Dans une médaille qu'il fit frapper, il étoit représenté d'un côté avec ces mots: *au divin Aretin*: Sur le revers, il étoit sur un trône, & recevoit les présens des envoyés des princes ses tributaires. Charles-quint, après le mauvais succès de son expédition de Tunis, lui envoya une chaîne d'or. L'Arétin la pesant dans sa main: *elle est bien légère*, dit il, *pour une si lourde sottise*. On veut qu'il soit mort d'une manière singulière, pour s'être renversé de dessus sa chaise, à force de rire, entendant

Les cris des dévots redoublèrent. Il parut différentes critiques en 1703. Une entr'autres par Thiers : elle est divisée en deux parties. La première comprend le dessein de l'*Histoire des flagellans*; & la seconde l'exécution. Thiers plaida pour les flagellations avec le même zèle qu'il montra lorsqu'il écrivit contre l'usage des perruques que portent les ecclésiastiques. Il se fonde en raisonnemens, en autorités. Il s'appuye de celle de Henri IV, qui reçut la discipline sur les épaules, des cardinaux d'Ossat & du Perron; formalité bien vaine, mais raison plus étrange encore pour vouloir qu'on admettre un usage quelquefois criminel

---

faire des contes orduriers. Il mourut à Venise l'an 1559, âgé de soixante-six ans, & fut enterré dans l'église de saint Luc. On lui fit cette épitaphe :

>Qui giace l'*Aretin amaro tosco*
>*Del sem human, la cui lingua trafisse*
>*Et vivi, & morti : d'iddio mal non disse*
>*Et si scuso, co'l dir, io no'l conosco.*

>Ci gît le caustique Aretin,
>Fléau de tout le genre humain;
>De dieu, dit-il, j'aurois pu l'être :
>Mais il eût fallu le connoître.

& suggéré par la débauche ; un usage qui peut être remplacé par tant d'autres plus dignes d'un vrai pénitent ; un usage enfin que la religion ne prescrit pas, & qui rappelle ces prêtres de Baal, qui se déchiroient à coups de lancettes, ou ces insensés *Brammins* qui passent la plus grande partie de leur vie, nuds dans leurs cellules, occupés à s'enfoncer des clous dans les bras & dans les cuisses, en l'honneur de leur dieu Brama.

La critique de Thiers fut appuyée d'une autre que donna le P. Ducerceau. Ce jésuite, dont tous les écrits respirent l'enjouement & les graces, changea de ton, & prêcha la plus austère morale. Les journalistes de Trevoux louèrent son livre & celui de Thiers. Cet éloge déplut encore à l'abbé Boileau. Son frère Despréaux s'en plaignit aussi. Les jésuites ne les aimoient pas. L'abbé avoit embrassé les idées de Port-royal, & l'autre ne les avoit pas épargnés dans ses satyres. Il fit contr'eux une épigramme, dans laquelle il assure que l'*Histoire des flagellans* condamne, non l'usage de la discipline, mais l'abus qu'on en peut faire Cette histoire, dit-il, laisse les plus grands pécheurs libres de se meurtrir de coups. Elle leur défend seulement,

> D'étaler & d'offrir aux yeux
> Ce que leur doit toujours cacher la bienséance,
> Et combat vivement la fausse piété,
> Qui, sous couleur d'éteindre en nous la volupté,
> Par l'austérité même, & par la pénitence,
> Sçait allumer les feux de la lubricité.

Les exemples, cités sur cela dans l'*Histoire des flagellans*, sont horribles. On est étonné que l'abbé Boileau, qu'un homme de son état & d'un genre de vie sévère, ait osé les mettre sous les yeux du lecteur. Son livre est rempli d'images indécentes ; ses expressions sont basses, ordurières. Il falloit que l'usage du monde lui fut bien étranger. Quelqu'un lui demandant à propos, de son livre des *Attouchemens impurs* & de toutes les matières licencieuses qu'il y traite, comment il avoit pu choisir de tels sujets : *Je ne sçais*, répondit l'abbé, *mais je n'ai jamais pratiqué rien de pareil*. On rapporte également de Sanchès qu'il étoit d'une innocence de mœurs exemplaire. Le livre de l'abbé Boileau n'a pas le mérite du ſtile ; il eſt mal écrit, &, par-là, moins dangereux que celui de *Chorier*, qui n'a que trop réuni, aux idées les plus libres, l'élégance & la fineſſe de l'expreſſion.

DESPRÉAUX,

AVEC

le plus grand nombre des écrivains de ſon temps.

Son titre de *Grand-Prévôt du Parnaſſe*, n'eſt pas ce qui doit le faire eſtimer davantage. Les noms de quelques miſérables victimes, immolées à la riſée publique, ne l'immortaliſeront point. Les regards de la poſtérité paſſeront rapidement ſur ſes premières ſatyres, & s'arrêteront à ſes belles épîtres, à ſon *Lutrin*, & ſur-tout à ſon *Art poëtique;* ouvrages admirables, où la poëſie eſt portée à ſon plus haut point de perfection. Quelle juſteſſe ! quelle pureté ! quelle force & quelle harmonie ! Le génie & le travail ont épuisé, dans ces ouvrages, toutes leurs ressources. Le père de notre Horace François, parlant un jour de ses enfans, dit de Nicolas : *que c'étoit un bon garçon, qui ne diroit jamais mal de personne.* Jamais père n'a moins connu son fils. Les satyres de Despréaux mettoient en fureur le fameux duc de Montausier. Toutes les fois que ce misantrope, si honnête homme, entendoit prononcer le nom de ce poëte, » Il faudroit, disoit-il, l'envoyer en » galère, couronné de lauriers, ou » bien le mener, lui & tous les saty- » riques du monde, rimer dans la ri- » vière « Ses principaux démêlés furent avec Charles Perrault, dont nous parlerons ailleurs ; Chapelain, Bussi-Rabutin, Boursault, Saint-Pavin & Linière, Quinault, l'abbé Cotin, & les journalistes de Trevoux. Il seroit inutile de comprendre dans ce nombre d'écrivains, dont quelques-uns sont très-estimables, tant d'insectes qui se redressoient contre le fléau de la déraison, & qui étoient écrasés. Nous insisterons même fort peu sur chaque article, parce qu'il n'est rien de plus connu que ce qui regarde Deſ-préaux.

CHAPELAIN.

IL fut un vrai roi de théâtre. Après avoir joué le perſonnage le plus conſidérable dans la littérature, il y joua le rôle le plus ridicule. Le public le jugea d'abord un grand homme, & lui le crut encore plus que le public. Tout concourut à l'enivrer de l'idée de ſon mérite. La cour le combla d'honneurs & de penſions. Le miniſtre Colbert le chargea de faire la liſte des ſçavans les plus dignes des bienfaits du roi. L'académie Françoiſe le comptoit parmi ſes premiers membres, & brigua l'honneur de le poſſéder; mais, ce qui prouve la grande opinion qu'on avoit de lui, c'eſt le ſtratagême qu'employa le cardinal de Richelieu pour accréditer un de ſes ouvrages. Il emprunta le nom de Chapelain. Il ne fallut rien moins que le courage de Deſpréaux, & ſes cris éternels contre le mauvais goût, pour renverſer cette idole.

Il la perça de mille traits, mais dont aucun ne portoit ni ſur la religion, ni sur l'honneur. Notre Juvénal consentoit qu'on accordât à Chapelain la réputation d'honnête homme : mais il étoit indigné qu'on lui donnât celle du plus bel-esprit du royaume. L'éloge lui sembloit absurde. Si je ne puis, disoit-il, écrire ce que je pense là-dessus,

> J'irai creuser la terre, &, comme ce barbier,
> Faire dire aux roseaux, par un nouvel organe,
> Midas, le roi Midas a des oreilles d'âne.

L'application étoit un outrage : mais, quelle vengeance en tirer ? Les amis de Chapelain lui conseillèrent de se taire ; aussi le fit-il. Il affecta seulement de dire partout qu'il étoit supérieur aux brocards d'un jeune poëte difficile en matière de goût ; qu'il ne lui feroit pas l'honneur de lui marquer de la sensibilité ; que ce seroit s'avilir de prendre la peine de le confondre. Il ajoutoit qu'il avoit une vengeance toute prête, & digne d'un homme de sa réputation.

C'est du fameux poëme de la *Pucelle* qu'il vouloit parler, poëme à jamais mémorable par les ridicules qu'on y a jettés, & qui cependant est l'ouvrage de trente années d'un travail assidu. Montmaur fit ce distique (*):

La pucelle, à la fin, au grand jour est produite!
Mais on peut la traiter de vieille décrépite.

L'auteur de la *Pucelle*, en la donnant, crut fermer la bouche à ses ennemis, & s'assurer l'immortalité: mais il ne fit que fournir de plus fortes armes à la satyre, & décida la chute de sa réputation ébranlée. Peut-être même que, sans la *Pucelle*, on l'eut toujours estimé. L'évêque d'Avranches, Huet, trouve ce poëme admirable pour la constitution de la fable. Mais tout le monde s'accorde à dire que les vers y sont durs, baroques, faits en dépit du bon-sens. Despréaux, Racine, La Fontaine & quelques personnes de la même société s'imposoient pour peine d'en lire une certaine quantité, lorsqu'on avoit fait une faute contre le langage. Chapelain est la preuve qu'une partie essentielle d'un poëme consiste dans la diction. Il avoit

---

(*) *Illa capellani dudum expectata puella,*
Post tanta in lucem tempora prodit anus.

divisé le sien en vingt quatre chants. On n'a jamais imprimé que les douze premiers. Il y a quelques années qu'il parut, à Paris, un *prospectus* d'une nouvelle édition de la *Pucelle*, avec les douze derniers chants. Le titre seul effraya tellement le public, qu'il ne se trouva pas vingt souscripteurs.

Despréaux, pour se divertir, rassembloit des vers de ce poëme, & en faisoit aussi quelquefois à l'imitation de ceux de Chapelain. Il les chantoit ensuite sur les airs les plus tendres. Le contraste de l'air & des paroles faisoit un effet très-comique. Les amis de Despréaux étoient de moitié de ce badinage. On parodia des scènes entières du *Cid*. Le pauvre Chapelain fut berné publiquement. On fit mention de toute sa personne, de sa figure, de son maintien, de son habit, de sa vieille perruque, de sa calotte. Cette parodie ou farce fut jouée en plusieurs endroits. L'Apollon de la France ainsi humilié se plaignit, menaça, reclama la justice & l'autorité : mais ses plaintes lui attiroient de nouvelles dérisions. Enfin ce même homme, dont le public avoit injustement fait sa divinité, devint, plus injustement encore, sa fable; car Chapelain n'est pas un auteur sans mérite. On lit encore avec plaisir une de ses odes au cardinal de Richelieu & ses *Mélanges de littérature*.

BUSSI-RABUTIN.

UNE dame disoit : *Il y a tant d'amour-propre dans tout ce qu'il a écrit, que cela fait mal au cœur. Il put la vanité.* C'étoit en effet un second Narcisse. Il s'aimoit, & s'estimoit encore plus. Il avoit toutes les prétentions ; celles de la plus haute naissance, du génie, de la figure, du courage, de l'homme à bonnes fortunes. Comme courtisan, comme guerrier, comme écrivain, il croyoit n'avoir point d'égal ; & l'on sçait combien il étoit dans l'erreur. Ce qui surprend davantage, c'est qu'il voulut l'emporter sur le maréchal de Turenne. Il conserve ce ton avantageux jusques dans ses lettres à Louis XIV. Le comte de Bussi ne desiroit rien tant que de faire l'entretien du public.

Il critiqua l'épître de Despréaux sur

le passage du Rhin. Cette épître, monument élevé à la gloire de la nation & de son roi, avoit été reçue avec de grands applaudissemens, & devoit l'être, à cause de son propre mérite & celui de l'à-propos. Le poëte fut alors présenté au monarque. La campagne de 1672 les immortalisa l'un & l'autre. On apprit par cœur les beaux vers de Despréaux. Bussi, l'imprudent Bussi, alors en exil & craignant d'être oublié, fit sur eux des remarques sanglantes, mais qui ne furent jamais publiques. Il relevoit cet endroit, où le panégyriste du prince lui disoit que, s'il continuoit à prendre tant de villes, il n'y auroit plus moyen de le suivre, & qu'il faudroit l'aller attendre aux *bords de l'Hellespont*. Il plaisanta sur le dernier mot, & mit au bout, *Tarare pon pon.....*

Le ridicule qu'il vouloit jetter sur la belle épître de Despréaux, parvint bientôt à la connoissance de l'auteur. Un ennemi de plus n'effraya point un poëte toujours armé des traits de la satyre. Il se disposoit à ne pas mieux traiter Bussi, que les Cotin & les Cassaigne. Le comte le sçut, & fit prompttement négocier fa paix. Defpréaux & lui s'écrivirent des lettres pleines de témoignages d'eftime & d'amitié; mais cela n'empêcha point que le fatyrique, en parlant des dangers d'époufer une femme coquette, ne lâchât ce vers:

Me mettre au rang des faints qu'a célébrés Buffi.

C'étoit rouvrir la plaie d'un malheureux, lui rappeller la caufe de fa difgrace. Le comte avoit été mis à la Baftille en 1665 : il n'en fortit, quelques mois après, que pour aller paffer dix-fept ans en exil dans une de fes terres. Il fatigua, tout ce temps-là, Louis XIV, par des lettres fréquentes qui décélent, fi ce n'eft une ame fauffe, une ame au moins petite & foible: mais le roi fut inflexible. On chargeoit Buffi de plufieurs griefs : il avoit fait un petit livre, relié proprement, en manière d'heures. Au lieu des images qu'on met dans les livres de prières, il avoit mis, dans le fien, les portraits, en miniature, de quelques hommes de la cour, dont les femmes étoient foupçonnées de galanterie. Au bas de chaque portrait, il avoit accommodé au fujet un petit difcours, en forme de prière. Outre ce livre, il avoit donné son *Histoire amoureuse des Gaules*, ce tableau trop ressemblant des intrigues & des foiblesses des principales personnes de la cour. Ceux qui croyoient la mieux connoître firent consister tout le crime du comte dans cette chanson :

>Que Déodatus est heureux
>De baiser ce bec amoureux,
>Qui d'une oreille à l'autre va !

Mais Despréaux suivit l'opinion commune, & parla des saints nouveaux, mis dans le *Calendrier* de Bussi. Un faiseur d'épigrammes l'avoit déjà traité plus indignement que Boileau (*) :

>Au milieu de la cour, par des écrits sanglans,
>Bussi, qui le croiroit ! avoit blessé les grands.
>Il perd son emploi militaire.
>On le condamne à la prison.
>Louis ! que la peine est légère !
>Tu sauves un poltron du glaive de l'Ibère,
>Et le cynique, du bâton.

(*) *Francorum proceres, media (quis credat) in aula*
Bussiades scripto læserat horribili.
Pœna levis : Lodoix nebulonem carcere claudens,
Detrahit indigno munus equestre duci.
Sic nebulo gladiis quos formidabat Iberis,
Quos meruit, francis fustibus eripitur.

Le comte souffrit tout, dissimula le poison versé sur sa blessure, toujours retenu par la crainte de s'attirer un ennemi tel que Despréaux. En vain la veuve de l'infatigable & insipide Scudéri, croyant avoir une belle occasion de venger les manes de son époux ridiculisé tant de fois, écrivit-elle souvent à Bussi, pour l'engager à demander raison de l'insulte qu'elle disoit lui avoir été faite. En vain lui répéta-t-elle qu'un homme de sa naissance & de son mérite ne devoit pas souffrir qu'on le citât si légèrement, & qu'on donnât lieu à tous les propos que les courtisans & le roi même avoient tenus. Eh ! qu'importe, répondit-il à cette dame, dont il devinoit les intentions, qu'on m'ait nommé dans une satyre, qu'on y ait mis » les *saints* qu'a célébrés » Bussi, pour dire les *cocus*. La métaphore est ridicule : mais elle ne fait » tort qu'à celui qui l'a employée. », D'ailleurs, Despréaux est un garçon » d'esprit & de mérite, que j'aime » fort. « Malgré le fade égoïsme, répandu dans les écrits du cher cousin de madame de Sévigné, on ne peut lui refuser la qualité de bel-esprit. On estime ses *Maximes d'amour*, & ses épigrammes imitées de Martial.

BOURSAULT.

C'est le seul écrivain qui en ait imposé au fleau des auteurs. Despréaux le prit en aversion, parce que son ami Molière avoit à s'en plaindre. Boursault avoit relevé des fautes dans ce grand comique & dans quelques autres écrivains du premier ordre. Il enfla bientôt la liste de ces noms malheureux dont Boileau remplissoit ses hémistiches :

> Faut-il d'un froid rimeur dépeindre la manie ?
> Mes vers, comme un torrent, coulent sur le papier
> Je rencontre à la fois Perrin & Pelletier,
> Bardou, Mauroy, Boursault, Colletet, Titreville.

Boursault, pour se venger, compose aussitôt une petite comédie en un acte. Le titre étoit *la Satyre des satyres*. Il croyoit pouvoir mettre, dans la bouche d'un acteur, ce que Despréaux faisoit passer souvent dans celle de tout le monde. La pièce étoit annoncée. On s'apprêtoit à rire aux dépens de celui qui rioit des autres. Boileau para le coup, fit arrêter la pièce, & défendre aux comédiens de la jouer. Bourfault ne voulut pas que fa peine fut perdue. Ne pouvant faire repréfenter fa comédie, il obtint permiffion de la faire imprimer. En la donnant au public, il mit à la tête une excellente préface fur l'atrocité de nommer, dans des fatyres, *des gens d'efprit & d'honneur*. La préface portoit uniquement fur Defpréaux. Si jamais fa bile dut être enflammée, ce fut d'un morceau écrit avec beaucoup d'élévation & de vivacité. Néanmoins, en le lifant, il apprit à modérer fon fiel & fon ardeur. Ses yeux s'ouvrirent. Il eftima celui qu'il avoit méprifé.

Bourfault n'étoit rien moins que méprifable : s'il ignoroit le Latin, il poffédoit très-bien fa langue. Il avoit un génie heureux, le travail facile, la plaifanterie vive. Ses *Lettres à Babet* ne font plus lues aujourd'hui ; mais fon *Éfope* eft refté au théâtre. Son *Mercure galant* eft une des comédies qu'on donne le plus fouvent. Il y a des traits qui réjouiffent tout le monde, & qui plairont toujours. Bourfault fit, par ordre du roi, pour l'éducation du dauphin, un livre intitulé l'*Étude des souverains*. Louis XIV en fut si content, qu'il le nomma sous-précepteur de *Monseigneur* : mais l'ignorance d'une langue nécessaire pour ce poste l'empêcha de le remplir. La fortune le trahit encore dans une autre occasion ; il perdit une pension de deux mille livres qu'il avoit de la cour, & fut mis à la Bastille pour s'être diverti sur le compte des RR. PP. capucins, dans une gazette en vers qui servoit d'amusement à toute la cour. Ils faisoient broder saint François par une ouvrière du Marais. Un de leurs frères alla voir où en étoit l'ouvrage, & s'endormit, la tête sur le métier ; elle y attacha sa barbe, au même endroit où elle travailloit à la barbe de saint François. Le débat qu'il y eut entre la brodeuse & le capucin, à son réveil, étoit plaisamment conté.

Tant de talens réunis dans Boursault firent avouer à Boileau, qu'il avoit eu tort de l'irriter & de le confondre avec les auteurs les plus décriés. » C'est le seul homme, disoit-il, » que j'aie craint «. Il retrancha de ses satyres le nom de Boursault, &

devint son ami zélé. Leur réconciliation fut cimentée par un procédé généreux. Despréaux ayant été retenu, pour une extinction de voix, aux eaux de Bourbon, y manqua d'argent; Boursault l'apprend, & lui fait accepter deux cent louis.

SAINT-PAVIN ET LINIERE.

Ils avoient la réputation de traiter, heureusement & facilement, un sujet agréable. Mais il s'en faut bien qu'on trouve dans leurs productions cette gaité, cette imagination douce & brillante, cette fleur de poësie qu'on aime dans les ouvrages des Chaulieu, des Saint-Aulaire, des Gresset, &c. Ceux-ci sont les vrais enfans de l'Amour & des Graces. Ce qu'il y avoit d'affreux dans Saint-Pavin & dans Linière, c'est qu'ils employoient moins leur talent à rimer des bagatelles avec succès, qu'à blasphêmer contre la divinité. Ils étoient connus sur ce mauvais ton, & Despréaux avoit encore plus en aversion les auteurs impies que les médiocres.

Ce grand poëte eut toujours dans

le cœur un germe de religion, lequel se développa parfaitement sur la fin de sa vie, & la rendit exemplaire. « Autrefois, disoit-il, on croyoit à tout, à l'astrologie, à la magie, à toutes les sottises imaginables ; mais actuellement on ne croit à rien ». Entendant un jour des esprits-forts nier l'existence d'un premier être, il entra dans une rêverie profonde. Quelqu'un d'eux étonné s'écria : *Mais vous ne nous dites rien, M. Despréaux !* Le poëte lui répondit brusquement : *Je pense que dieu a de sots ennemis*. Avec de pareils principes, & voulant empêcher que le parnasse ne fût une école d'impiété, qu'on n'y affichât une philosophie antichrétienne, est-il étonnant qu'il ait si peu ménagé Saint-Pavin & Liniere. Ils cherchèrent à se venger ; l'un fit contre lui des couplets infâmes, & l'autre un sonnet où l'on disoit de Boileau :

 S'il n'eut mal parlé de personne,
  On n'eut jamais parlé de lui.

La guerre alors fut très-vive entre ce poëte religieux & les dignes rivaux des Théophile, des Des-Barrau, des Bardouville. On fit assaut de bons mots

& d'épigrammes. Boileau reproche à Linière, auteur d'un fottifier énorme, de n'avoir de l'efprit que contre dieu, & répréfente Saint-Pavin fous le nom

> D'Alidor, affis dans fa chaife,
> Médifant du ciel à fon aife.

Nos deux Anaxagores trouvèrent des partifans, entr'autres madame Des Houlières, dont le fort fut toujours de donner au public de bonnes chofes & de prendre le parti de ceux qui lui en donnoient de mauvaifes. Elle entreprit de réhabiliter leur réputation : elle prophétifa de l'un d'eux, qui travailloit à mettre l'écriture fainte en comédie, qu'il reviendroit, tôt ou tard, de fon égarement. La prophétie ne s'accomplit point. Linière mourut ferme dans fes principes, auffi bien que Saint-Pavin, quoiqu'on ait publié qu'il s'étoit converti au bruit d'une voix effrayante qu'il avoit cru entendre à la mort de Théophile. Voici l'épitaphe de Saint-Pavin par le maître des requêtes Fieubet.

> Sous ce tombeau gît faint Pavin :
> Donne des larmes à fa fin.

Tu fus de ses amis peut-être ?
Pleure ton sort & le sien.
Tu n'en fus pas ; pleure le tien,
Passant, d'avoir manqué d'en être.

QUINAULT.

C'est un de ceux que notre satyrique a le plus maltraités, & qui méritoit le moins de l'être. Il est aussi supérieur dans son genre que Despréaux dans le sien. Les opéra d'*Armide* & d'*Atys* ont élevé le père de notre théâtre lyrique au niveau de ses plus illustres contemporains. Quelle distance immense de lui à tous ceux qui ont voulu courir la carrière qu'il s'est ouverte ! carrière d'autant plus difficile qu'elle semble plus aisée. Plusieurs personnes ont excellé dans chaque genre ; mais il n'y a qu'un Quinault pour les opéra. La scène lyrique est dans la plus grande disette. Nous sommes réduits à regretter les Pellegrin, les Danchet, & surtout les La Motte. Du vivant de Quinault, on disoit qu'il devoit toute sa réputation à Lulli. Cependant le musicien est peu goûté de nos jours, & le poëte se fera toujours lire. L'union, qui règnoit entre l'un & l'autre, a contribué surtout à la perfection de leurs ouvrages. Ceux qui font la musique ou les paroles des opéra devroient, par cette seule considération, être toujours unis (*).

Rendons pourtant justice à l'auteur immortel de l'*Art poëtique*. Ce qui l'aigrit contre Quinault, ce ne fut pas tant ses opéra que ses tragédies. Dans le temps que parut l'*Astrate*, ils étoient jeunes tous deux & rivaux, quoiqu'ils allassent à la gloire par des voies différentes. Boileau ne put souffrir qu'on mît dans la même balance *Astrate*, *Stratonice*, *Amalazonte*, *Pausanias*, & les tragédies de Racine. Il décria celles de Quinault, le représenta comme un versificateur doucereux & détestable, plus occupé de la rime que de la raison.

―――――――――

(*) A la répétition d'un opera, on a vu notre plus grand poëte & notre plus grand musicien, préts de se brouiller pour le mot de *stix* qui se trouvoit dans le poëme. Le musicien soutenoit que ce mot rendroit ridicule l'air le plus beau ; & le poëte assuroit le contraire, disoit que tous les mots pouvoient se chanter aussi bien qu'entrer dans les vers. On a mis depuis, par dérision, un privilège du roi en musique.

Quinault en eut un chagrin mortel. Né foible & timide, il eut recours aux loix: il crut trouver en elles un frein à la satyre. Il exigea des magistrats qu'ils fissent ôter son nom de celles qui faisoient tant de bruit; mais ses démarches furent inutiles. Son ennemi l'en insulta plus cruellement, & lui dit dans une épigramme: Tourmente-toi moins.

 Pour faire ôter ton nom de mes ouvrages.
 Si tu veux du public éviter les outrages,
 Fais effacer ton nom de tes propres écrits.

Cette persécution violente contre Quinault & la douceur naturelle de son caractère, qui ressembloit à celle de ses vers, furent cause qu'il abandonna la tragédie pour l'opéra. C'est à ces tracasseries que nous devons *Alceste*, *Thésée*, *Atys*, *Phaeton*, *Armide*; ouvrages bien supérieurs à tout ce que l'Italie avoit produit dans le même genre. On les lit encore avec plaisir. On en sçait par cœur des scènes entières. Ces chefs-d'œuvre, qui firent les délices de la nation, le réconcilièrent avec elle & avec Despréaux: car cet excellent maître, en matière de goût, fut toujours le premier à revenir de ses idées.

quand il s'apperçut qu'elles n'étoient pas justes. Ces deux auteurs furent liés par la suite, & se voyoient souvent. Quinault mettoit à profit cette liaison pour perfectionner ses ouvrages : il consultoit Despréaux, toutes les fois qu'il lui rendoit visite ; aussi Despréaux disoit-il de son nouvel ami : *Il ne vient que pour me parler de ses vers, & il ne me parle jamais des miens.*

Quinault est mort en 1688, se repentant d'avoir fait des opéra. Les larmes délicieuses qu'il fit répandre, lui coûtèrent des larmes de douleur & bien édifiantes. Il étoit fils d'un boulanger de Paris. Ce fut une fortune pour lui d'être d'abord avocat, ensuite d'épouser la veuve d'un de ses cliens, fort riche. Ce mariage le mit en état d'acheter une charge d'auditeur des comptes.

L'ABBÉ COTIN.

C'ÉTOIT le hibou de la littérature. Personne aujourd'hui n'oseroit porter son nom. Cotin avoit cependant une espèce de mérite : il sçavoit les langues ; il étoit de l'académie Françoise.

On le fêtoit à l'hôtel de Rambouillet. Mademoiselle, fille de Gaston, duc d'Orléans, le protégea. Bien de beaux esprits se feroient honneur de ce madrigal :

  Iris s'est rendue à ma foi ;
  Qu'eut-elle fait pour sa défense ?
Nous n'étions que nous trois, elle, l'amour & moi,
  Et l'amour fut d'intelligence.

L'envie de briller & de dire des choses ingénieuses le perdit. Il faisoit à la fois des sermons & de petits vers. Une plaisanterie de Despréaux décria ses sermons. Boileau ne le connoissoit point lorsqu'il l'immola dans ses satyres. Ce fut le caustique Furetière, qui, le voyant dans l'embarras d'une rime à festin, lui suggéra celle de *Cotin*. Son confrère Cassaigne lui fut associé.

 Si l'on n'est plus au large assis en un festin,
 Qu'aux sermons de Cassaigne ou de l'abbé Cotin.

Cette seule plaisanterie empêcha l'abbé Cassaigne de prêcher à la cour un carême pour lequel il avoit été nommé. Il craignit de trouver les courtisans plus disposés à rire qu'à l'entendre. Il se garda bien sur-tout de s'emporter contre un auteur, qui faisoit la destinée des réputations. Il n'en fut pas de même de Cotin. Il n'écouta que sa rage. Il écrivit libèles sur libèles, & voulut persuader que Despréaux n'étoit qu'Horace lui-même, ou Juvénal pillé grossièrement ; que le métier qu'il faisoit étoit contre toutes *les loix humaines & divines*. Il fit courir des ouvrages infâmes sous le nom du grand poëte qu'il abhorroit. On le vit en user, à l'égard de Boileau, comme en ont usé souvent, à l'égard des meilleurs écrivains, quelques-uns de leurs ennemis. On a recours encore à cette odieuse manœuvre. L'auteur de la *Pucelle* s'est plaint qu'une main étrangère ait défiguré ce poëme en y mettant des vers, fruit d'une imagination échauffée par le libertinage & par l'impiété la plus hardie. Despréaux se défendit en retournant contre Cotin ses propres traits, en l'accablant de sarcasmes & d'épigrammes, en le rendant le plastron des plaisanteries du public, & même l'objet des huées du bas peuple.

Dans cet état affreux, Cotin avoit au moins pour lui un patissier, en réputation de faire d'excellens biscuits,

& que Despréaux traitoit d'empoisonneur. Ce patissier se joignit à Cotin contre leur ennemi commun. L'un faisoit des vers mordans; & l'autre, pour en faciliter la lecture, les faisoit imprimer à ses dépens, & en enveloppoit les biscuits qu'on venoit prendre chez lui. L'expédient leur réussit à merveille. Il n'étoit bruit que des vers de Cotin. Despréaux lui-même, quand il voulut les lire, envoya chercher de ces biscuits. Le patissier, en très-peu de temps, acquit une si grande réputation qu'elle fit sa fortune. Il remercia, dans la suite, Despréaux de ce bon office. Il n'y a pas longtemps qu'il est mort un vieillard, qui avoit aidé au patissier à faciliter le débit de ses biscuits, & des vers de l'abbé Cotin.

Pour comble d'infortune, cet abbé, poëte & prédicateur, déplut à Molière, qui le joua dans les *Femmes sçavantes* sous le nom de Trissotin. La scène entre ce ridicule bel-esprit & *Vadius*, où Ménage est d'après nature. Elle s'étoit passée chez madame de Nemours, pour qui Cotin avoit fait le sonnet de la princesse *Uranie*, que Molière rapporte. Cotin & Ménage s'étoient dit ,, en présence de cette dame, à peu près les mêmes injures que celles dont le *Ménandre François* divertit le public. Tant de ridicules essuyés à la fois plongèrent Cotin dans une affreuse mélancolie ; de manière que plusieurs années avant sa mort, il tomba dans une espèce d'enfance.

LES JOURNALISTES DE TRÉVOUX.

En rendant compte, en 1703, d'une édition des *œuvres de Despréaux*, ils se permirent quelques réflexions sur la *Satyre contre les femmes*, & sur l'*Epitre de l'amour de Dieu*. Ces réflexions, qui n'étoient rien moins qu'à la gloire de celui qui pouvoit passer pour être l'honneur du Parnasse françois, le blessèrent vivement. Il répondit aux journalistes par une épigramme. Leur P. Du Rus la réfuta par une autre fort piquante. Despréaux en fit contr'eux une seconde. Tous ces combats d'esprit & de méchanceté ne cessèrent, pendant quelque temps, que pour reprendre avec plus de chaleur.

Les journalistes soupçonnèrent Despréaux d'avoir eu part à des vers horribles faits contre la société, & qu'il soutenoit n'être point de lui. En conséquence, ils le ménagèrent moins que jamais dans leur journal. La *Satyre sur l'équivoque* parut alors. L'auteur ne fait qu'y répéter, en vers froids & peu digne de lui, ce que Pascal avoit mis si vivement & si plaisamment en prose dans les *Provinciales*. Elle offensa les jésuites. Ils s'intriguèrent pour la faire supprimer, & y réussirent. Il y eut un ordre du roi pour qu'elle ne fut point mise dans une nouvelle édition que Despréaux se disposoit à donner en 1710, & dont il y avoit même déjà quelques feuilles d'imprimées.

Un auteur, dans un ouvrage sérieux, mais que plusieurs anecdotes hasardées déparent, prétend que l'antipathie de Despréaux pour les dindons apportés en France par les jésuites, vint de ce qu'un de ces animaux avoit blessé ce poëte, encore enfant, dans une partie très-sensible, & si cruellement qu'il ne put en faire usage de sa vie. De-là, ajoute-t-il, cette sévérité de mœurs, cette disette de sentimens qu'on remarque dans tous ses ouvrages ; de-là, sa *Satyre contre les femmes*, ses traits contre Lulli, Quinault, &c., & contre toutes les poësies galantes : de-là encore, selon ce même auteur, son aversion pour les jésuites, la *Satyre sur l'équivoque*, l'*Epître sur l'amour de Dieu* ; de-là, son admiration pour Arnauld, ses liaisons avec Port-Royal, & avec les jansénistes. De pareilles anecdotes, fussent-elles sûres, contrastent horriblement avec un livre où l'on prétend détruire tous les préjugés, & donner des règles de morale & de politique.

Quoiqu'il en soit, l'ennemi juré des dindons ne l'étoit pas des jésuites, au point de n'en voir aucun. Il vivoit avec tout ce qu'ils avoient en France d'écrivains de distinction : mais il n'aimoit pas le corps. Dans le jugement que les journalistes portèrent des ouvrages de la vieillesse de Despréaux, ils avoient sans doute raison. Néanmoins, étoit-il convenable de lui présenter, sur le bord de sa tombe, une vérité si dure ? Les restes d'un grand homme ne méritent-ils aucun égard ?

Le secret de Boileau consistoit à

limer beaucoup fes ouvrages, à faire des corrections fréquentes, à retrancher souvent, & à composer le second vers avant le premier. Il pratiqua cela très-scrupuleusement. On ne peut lui refuser toutes les parties d'un grand poëte, excepté l'invention. Il passa les dernieres années de sa vie à Auteuil, s'y occupant de dieu, de l'étude & de ses amis. Il mourut en 1711.

Son célèbre jardinier, Antoine, a vêcu très-lontemps. C'est ce même homme à qui le P. Bouhours, étant un jour à Auteuil, dit en riant: *N'est-il pas vrai, maître Antoine, que l'Epître que votre maître vous a adressée est la plus belle de toutes ses pièces ? Nennida, mon père*, répondit maître Antoine, *c'est celle de l'Amour de Dieu.*

RACINE,
ET
PRADON.

Que le public est souvent injuste & précipité dans ses décisions! Il n'est juge infaillible qu'à la longue. Comment reçut-il d'abord *Athalie* & le *Misantrope ?* Une ombre dans *Sémiramis* l'a révolté. Un coup de canon, hasardé dans un endroit terrible, a fait tomber *Adélaïde*. Il a fallu que la pièce, pour être applaudie, ait reparu long-temps après sous un autre titre. C'est ainsi qu'on arrête l'essor du génie, & que ceux qu'il inspire sont contraints de sacrifier des beautés sublimes & véritables à des beautés de convention & de caprice. La cabale est cause de tout. On ne garde aucun frein dans son enthousiasme ou dans son mépris. On confond toutes les distinctions. Celle que mérite un *Athlète*, blanchi dans la carrière de *Sophocle* & d'*Euripide*, est prodiguée à quiconque y fait le premier pas. A la première représentation de *Mérope* on demanda l'auteur. En conséquence, on demande tous les auteurs aujourd'hui pour peu qu'ils réussissent. Deux ou trois voix, élevées dans le parterre, procurent aisément la gloire de se donner en spectacle sur le théâtre, la tête ombragée de faux lauriers, & qui sont bientôt flétris. Toute pièce nouvelle, qui s'annonce avec quelque éclat, excite une guerre civile. On dispute, on s'échauffe, on s'aigrit. Caffés, foyers, promenades, sociétés particulières, tout retentit de cris glapissans. On ne voit qu'admirateurs, ou frondeurs, analyser, disserter, comparer, vouloir l'emporter les uns sur les autres. Deux femmes, rivales & beaux esprits, se mettent à la tête des factions. C'est une étonnante contrariété dont on n'apperçoit la déraison que longtemps après. Les mouvemens que se donne le monde auteur, connoisseur, amateur, & conduit par la partialité pour ou contre, ressemblent aux vagues d'une mer en fureur, qui vont & reviennent continuellement jusqu'à ce que le temps & le calme remettent les choses dans leur situation naturelle.

C'est à la faveur de quelques clefs de meute, que Pradon eut la gloire de balancer Racine, & même de paroître quelque temps avec plus d'éclat. Pradon étoit de Rouen. De toutes ses pièces, on ne joue que celle de *Régulus*. Mais l'amour le servit mieux que Melpomène. On connoît ces quatre vers en réponse à d'autres de la fameuse mademoiselle Bernard qu'il aimoit, & dont il ne recevoit que des plaisanteries :

> Vous n'écrivez que pour écrire.
> C'est pour vous un amusement.
> Moi, qui vous aime tendrement,
> Je n'écris que pour vous le dire.

Il n'eut de poëte que la figure, les distractions, l'extérieur négligé, les saillies & les aventures singulières. Voyant un jour siffler une de ses pièces, il siffla comme les autres. Un mousquetaire, qui ne le connoissoit point, & dont il s'obstinoit à ne vouloir pas être connu, prit sa perruque & son chapeau qu'il jetta sur le théâtre, le battit, & voulut, pour venger Pradon, percer de son épée Pradon lui-même.

lui-même. Il étoit d'une si grande ignorance, qu'il transporta plus d'une fois des villes d'Europe en Asie. Un prince lui en ayant fait des reproches : *Oh ! lui répondit Pradon, votre altesse m'excusera, c'est que je ne sçais pas la chronologie.*

Quant à Racine, voici de nouvelles particularités sur sa personne.

Il naquit à la Ferté-Milon en 1639. C'est l'élève le plus illustre de Port-Royal. Etant enfant, il passoit les journées entières à l'étude des auteurs Grecs. Il cachoit des livres pour les dévorer à des heures indues. Il alloit souvent se perdre dans les bois de l'abbaye, un Euripide à la main, malgré la défense de quelques personnes dont il dépendoit, & qui lui en brûlèrent consécutivement trois exemplaires. La lecture de ce grand maître, dans l'art d'émouvoir les passions, frappa tellement son imagination tendre & vive, qu'il se promit bien dès-lors de les imiter un jour.

Il débuta, dans le monde, par une ode sur le mariage du roi ; elle lui valut une gratification : ce succès le détermina à la poësie. Il travailla pour

Tome I. P.

le théâtre. Quand il fit la tragédie de *Théagène*, sur laquelle il consulta Molière, & celle des *Frères ennemis*, dont ce comique lui donna le sujet, il portoit encore l'habit ecclésiastique. Dans le privilège de l'*Andromaque*, Racine est intitulé, prieur de l'*Epinai*. Sa réputation s'accrut de jour en jour; elle scandalisa les solitaires de Port-royal: ils pleurèrent tous sur ce poëte, & sur sa passion pour la Champmêlé. La mère Agnès, sa tante, ne voulut plus le voir. Nicole écrivit contre lui, le traita d'*empoisonneur des ames*. Racine se défendit, & tâcha de ridiculiser, dans une lettre, les messieurs & les religieux de Port-royal. On lui répondit, & il repliqua. Cette rupture entre Port-royal & le poëte, qui faisoit tant d'honneur à ses maîtres, réjouissoit les jésuites. Racine en eut du scrupule : il s'en ouvrit à Despréaux, qui lui conseilla de ménager davantage des gens dont il avoit autrefois embrassé les idées, & dont il pourroit reprendre un jour la façon de penser. Il se réconcilia sincèrement avec eux : il quitta, pour leur plaire, la comédie & les comédiennes ; deux articles qui furent les préliminaires de la paix. Il ne travailla plus qu'à des tragédies saintes : mais sa dévotion ne réforma point son caractère naturellement caustique. Il peignit plus d'un personnage d'après nature. Il avoua que, dans celui du prêtre Mathan, il avoit en vue le P. le T... Ce poëte, dont tous les ouvrages respirent la douceur & la mollesse, renfermoit, dans son cœur, le fiel le plus amer. Indépendamment des épigrammes sur l'*Aspar* de Fontenelle, sur l'*Iphigénie* de Le Clerc, & sur la *Judith* de Boyer, qui sont imprimées, il en avoit fait près de trois cent autres qui ne nous sont point parvenues, & qu'on a brûlées à sa mort. Le nombre des couplets qu'il fit contre beaucoup d'académiciens & de personnes distinguées, est considérable. On jugera de ce qu'il sçavoit faire en ce genre, par ce couplet contre Fontenelle, à sa réception à l'académie Françoise :

 Quand le novice académique
 Eut salué fort humblement,
 D'une Normande rhétorique,
 Il commença son compliment.
  Où sottement,

De sa noblesse poëtique,
Il fit un long dénombrement.

Mais ne considérons Racine que par les endroits qui l'immortalisent. Voyons, dans cet écrivain, rival des tragiques Grecs & de Corneille pour l'intelligence des passions, une élégance toujours soutenue, une correction admirable, la vérité la plus frappante, point ou presque point de déclamation ; partout le langage du cœur & du sentiment, l'art de la versification avec l'harmonie & les graces de la poësie porté au plus haut dégré. C'est le poëte, après Virgile, qui a le mieux entendu cette partie des vers. J'ajoute qu'en bien des endroits, c'est aussi le poëte le plus éloquent. Quel morceau d'éloquence que celui de la fameuse scène d'*Agrippine* & de *Néron !* On reproche à Racine une continuelle uniformité dans l'ordonnance, dans les intrigues, dans les caractères. Tous les héros de la Grèce & de Rome qu'il a voulu peindre, il les a faits sur le modèle des courtisans de Versailles. On ne voit, dans ses pièces, que des amans & des amantes qui se quittent

& qui renouent tour à tour. Malgré tous ces défauts, on a bien peu de pareils tragiques.

Voilà l'homme à qui Pradon osa se comparer. Sa cabale l'entretenoit dans cette bonne opinion de lui-même ; elle s'intriguoit pour lui gagner des suffrages. Pradon comptoit insolemment au rang de ses admirateurs saint Evremond, mesdames Deshoulières & de Sévigné, la duchesse de Bouillon, & le duc de Nevers, qui trouvoient misérables les pièces de Racine. Saint Evremond mettoit *Andromaque* & *Britannicus*, à côté de *Marianne* & d'*Alcionée*. La première scène de *Baiazet*, chef-d'œuvre en fait d'exposition, étoit, selon lui, totalement manquée. Madame de Sévigné, à qui la langue est redevable d'avoir un caractère de plus, cette femme unique pour le stile épistolaire & pour conter agréablement, dit toujours que Racine n'*ira pas loin* : c'est qu'elle le desiroit, ainsi que tous ceux de son parti, lequel, à la honte des talens & de la raison humaine, fut très-nombreux.

Racine redoutoit cette faction. Il fit longtemps mystère de sa *Phédre*. Dès que la cabale opposée l'eut pénétré, les amis de Pradon lui conseillèrent de le prévenir en traitant le même sujet, & de ne pas manquer une si belle occasion de triomphe. Pradon goûta cette idée & l'exécuta. En moins de trois mois sa pièce fut achevée. On joua celle de Racine sur le théâtre de l'hôtel de Bourgogne, le premier janvier de l'année 1677. Deux jours après, les comédiens du roi représentèrent la *Phédre* de Pradon.

La concurrence des deux nouveautés attire au spectacle une foule prodigieuse. Jamais Athènes, jamais Paris ne vit tant de cabaleurs. Ils l'emportèrent enfin, & la tragédie de Pradon fut jugée la meilleure.

Les deux *Phédres* sont d'après celle d'*Euripide*. L'imitation est à peu près semblable : même contexture, mêmes personnages, mêmes situations, même fond d'intérêt, de sentiment & de pensées. Chez Pradon, comme chez Racine, *Phédre* est amoureuse d'Hyppolite. Thésée est absent dans les premiers actes : on le croit retenu aux enfers avec Pirithous. Hyppolite aime Aricie, & veut la fuir. Il fait l'aveu de sa passion à son amante, & reçoit avec horreur la déclaration de *Phédre*. Il meurt du même genre de mort, & son gouverneur fait un récit. La différence du plan de chaque pièce est peut-être à l'avantage de la *Phédre* de Pradon. Mais quelle versification barbare ! Pour avoir une *Phédre* parfaite, il falloit le plan de Pradon, & les vers de Racine. C'est lorsque ces deux auteurs se rencontrent le plus pour le fond des choses, qu'on remarque mieux combien ils diffèrent pour la manière de les rendre. L'un, est le *Rubens* de la poësie ; & l'autre, n'est qu'un barbouilleur. On n'est point étonné que Racine ait mis deux ans pour écrire une pièce où il s'est surpassé lui-même, & qu'on peut regarder, ainsi que celle d'*Athalie*, comme le triomphe de la versification. Mais, ce qui surprend, c'est que Pradon ait été trois mois entiers à faire une pièce aussi négligée, & qu'elle ait eu le moindre partisan après celle de Racine.

En vain, quelques esprits sans prévention, & frappés des beautés de celui-ci, crièrent à l'injustice. En vain, au plus fort de l'orage, élevé contre Racine, son ami Despréaux fit tout ce qu'il put, en général habile & désespéré, pour ramener la multitude & faire entendre raison. Le grand nombre ne l'écouta point. On couroit à la *Phédre* de Pradon. Le parterre étoit gagné : les loges l'étoient aussi. Des crésus les faisoient retenir, y envoyoient, dans leurs carosses, des complaisans & des complaisantes, à qui l'on avoit fait la leçon pour applaudir avec transport. Le grand Rousseau lui-même eut la bassesse de se prêter à cette manœuvre, comme il l'a depuis avoué. Il n'osa point parler hautement en faveur du poëte qu'il admiroit : lorsque je voulois, disoit-il, défendre Racine contre Pradon, des favoris de Plutus me fermoient la bouche.

Madame Deshoulières étoit l'ame de ce parti. Enchantée de voir le peu de succès de la *Phédre* de Racine, elle fit, au sortir de la première représentation, ce fameux sonnet :

Dans un fauteuil doré, Phédre tremblante & blême,
Dit des vers où d'abord personne n'entend rien,
&c.

Mais il ne parut point sous son nom :

on ne fit que le répandre dans le public, & mettre certaines personnes dans la confidence : celles qui n'y étoient point, & qui d'ailleurs voyoient souvent madame Deshoulières, se firent une fête de lui apporter les vers nouveaux. L'abbé Tallemant sur-tout s'empresse de venir les lui lire à sa toilette, & d'en faire l'éloge ; elle les trouve admirables, ne & manque pas d'en prendre une copie pour les montrer à tous ceux qu'elle verroit. On cherchoit partout à deviner l'auteur. Les amis de Racine les attribuèrent au duc de Nevers, & parodièrent le sonnet:

Dans un palais doré, Damon jaloux & blême,
Fait des vers où jamais personne n'entend rien.

C'étoit aussi peu rendre justice à ce duc, dont on a des vers fort agréables, qu'il la rendoit peu lui-même à Racine, dont il n'estimoit point les ouvrages. Mais, dans une telle chaleur des esprits, pouvoit-on bien apprécier les choses ? Un parti ne cherchoit qu'à décrier l'autre, qu'à l'écraser. Outre ces couleurs affreuses dont on peignoit le duc dans la parodie, on y traita sa sœur indignement:

P v

> Une sœur vagabonde, aux crins plus noirs que blonds,
> Va dans toutes les cours montrer ses deux tetons,
> Dont, malgré son pays, son frère est idolâtre.

Il ne douta point que cette attrocité ne vint de Despréaux & de Racine. Dans son premier transport, il parla de les faire assommer. Le duc fit la parodie de celle qu'il leur attribuoit, & leur disoit :

> Vous en serez punis, satyriques ingrats,
> Non pas en trahison d'un sou de mort-aux-rats,
> Mais de coups de bâton, donnés en plein théâtre.

Tous deux désavouèrent les vers dont le duc les croyoit les auteurs. Ils en appréhendèrent des suites terribles. Cette affaire eut pu réellement en avoir, sans le prince de Condé, fils du grand Condé, qui prit Racine & Despréaux sous sa protection, leur offrit un logement à son hôtel, & fit dire au duc de Nevers, & même en termes assez durs, qu'il regarderoit comme faites à lui-même les insultes qu'on s'aviseroit de leur faire. Le duc fut encore retenu par la crainte de s'attirer l'indignation du roi, qui les avoit tout récemment choisis pour écrire l'histoire de son règne.

A l'impression de la *Phédre* de Racine, ses ennemis firent de nouveaux efforts : ils se hâtèrent de donner une édition fautive. On gâta des scènes entières. On eut l'indignité de substituer aux vers les plus heureux des vers plats & ridicules ; jalousie horrible, partage des ames noires & lâches ; mais jalousie renouvellée depuis en différentes occasions par des écrivains obscurs & forcenés ; jalousie semblable à celle de ces peintres scélérats, dont les mains odieuses défigurèrent les plus beaux morceaux de le *Sueur*.

L'esprit de cabale, acharné contre Racine, le persécuta jusqu'à la mort. C'est ce même esprit qui fut cause du peu de succès d'*Athalie*, un des chefs-d'œuvre de la scène Françoise. Le temps seul a vengé l'auteur ; mais il n'emporta point dans le tombeau la satisfaction de jouir de sa gloire. La persécution de ses ennemis & la crainte d'avoir déplu au roi dans une affaire où madame de Maintenon l'avoit engagé, & où elle ne le soutint point, abrégèrent ses jours. Il voulut être enterré à Port-royal, & laissa un legs à cette maison. Son corps a depuis été transféré dans l'église de saint Etienne-du-Mont, & placé à côté de la tombe de Pascal.

Lorsque Racine fit voir à Corneille sa tragédie d'*Alexandre*, Corneille lui donna des louanges & lui conseilla, en même temps, d'abandonner la poësie dramatique, comme étant un genre qui ne lui convenoit pas. Celui de l'histoire l'eût peut-être également immortalisé, à juger du moins par celle que Racine avoit faite de Port-royal & dont la seconde partie a été perdue. On y découvre un historien d'un goût admirable & approchant de celui de Tacite. Il reste quelques fragmens manuscrits de cette seconde partie; mais ils ne font que plus sentir la perte qu'on a faite.

Le ridicule rival de ce grand homme mourut à Paris d'apoplexie, l'an 1698. Son épitaphe est connue :

  Ci gît le poëte Pradon,
Qui, durant quarante ans, d'une ardeur sans pareille,
  Fit, à la barbe d'Apollon,
  Le même métier que Corneille.

BAYLE,
ET
JURIEU.

ON n'est point d'accord sur l'origine de leur fameux démêlé. Toute l'Europe fut indignée de voir le plus fougueux & le plus déraisonnable des hommes s'acharner contre un philosophe, contre un sage, un homme doux, simple, modéré, plus admirable encore par le caractère de sa belle ame que par celui de son génie & de ses écrits.

Quelques personnes assignent, pour époque de cette persécution, le célèbre *Avis aux réfugiés*; livre qui parut en 1690, & qui n'est que la satyre de la conduite des prétendus réformés. Cet *Avis aux réfugiés* leur fut donné dans le temps qu'ils invectivoient le plus contre la France, qu'ils se flattoient même d'être rappellés, de voir le gouvernement s'empresser à guérir la plaie faite à l'état, à réparer la perte de tant de milliers d'hommes qui portèrent dans les pays étrangers, avec leurs biens & avec nos arts, une haine implacable contre leur patrie. L'ouvrage fit beaucoup de bruit parmi eux. Ils ne doutèrent point qu'il ne vint de quelque faux frère. On crut, dans toute la Hollande, que Bayle en étoit l'auteur, quoique ce soit certainement *M. Larroque*, & que Bayle n'en fût que l'éditeur. Toutes les sociétés où Larroque, écrivain très-médiocre, étoit reçu dans Paris, sçavent comme la chose s'est passée. Il fit cet ouvrage, étant encore protestant. Ce qui lui en donna l'idée, ce fut la crainte que ses frères persécutés ne missent un obstacle à leur retour par leurs cris éternels contre la France & contre le roi. A son départ pour la cour d'Hanovre, dans laquelle il fut retenu longtemps, il laissa son *Avis aux réfugiés* entre les mains de Bayle, qui le fit imprimer de son consentement, mais avec la précaution de ne point mettre de nom d'auteur à la tête du livre, ainsi qu'ils en étoient convenus. Jamais avis charitable n'a tant révolté. Larroque, voyant combien il avoit soulevé les esprits dans tous les pays du protestantisme, imagine que ce sera tout le contraire dans ceux de la catholicité. Il vient à Paris ; il y fait abjuration ; parle de son livre à quelques personnes, qui lui disent que c'est un livre affreux, que l'auteur, ayant voulu ménager les protestans & les catholiques, avoit également déplu aux deux partis. Il se confirme aussitôt dans l'idée de garder toujours l'anonyme, & se hâte d'écrire à Bayle pour lui recommander de nouveau le secret. Le silence de Bayle à cette occasion, silence dont il fut la victime, est une des choses qui fait le plus d'honneur à la mémoire de ce grand homme.

Ceux qui prétendent être le mieux instruits de ce qui le regarde, attribuent la cause de ses malheurs & de sa querelle à ses liaisons avec madame Jurieu. Cette femme, de beaucoup d'esprit & de mérite, se prit, dit-on, de passion pour l'homme qui avoit le plus de génie. Ils firent connoissance à Sédan, lorsqu'il étoit encore jeune & qu'il professoit la philosophie. Jurieu y enseignoit la théologie & se faisoit un honneur de recevoir le philosophe

chez lui. Tout sembloit favoriser la bonne intelligence de ces prétendus amans, lorsqu'ils se virent sur le point d'être désunis. L'académie de Sédan fut supprimée en 1681. Madame Jurieu se trouva dans la nécessité de suivre son mari hors du royaume. Bayle vouloit se fixer en France; mais l'amour d'une femme l'emporta sur celui de la patrie. Le philosophe alla joindre sa maîtresse en Hollande. Ils y continuèrent leurs liaisons, sans même en faire trop de mystère. Toute la ville de Rotterdam s'en entretenoit : Jurieu lui seul n'en sçavoit rien. On étoit étonné qu'un homme qui disoit voir tant de choses dans l'apocalypse, ne vît pas ce qui se passoit dans sa maison. » Un
» cavalier, en pareil cas, dit M. l'ab-
» bé d'Olivet, tire l'épée; un homme
» de robe intente un procès; un poëte
» composeroit une satyre : chacun a
» ses armes. Jurieu, en qualité de théo-
» logien, dénonça Bayle comme un
» impie «.

Cette anecdote rapportée par M. l'abbé d'Olivet d'après M. de Beringhen, élève de Bayle, est traitée de conte ridicule par une personne dont le père, servant en Hollande en 1700, avoit eu souvent occasion de voir Bayle. Cet homme s'élève, avec chaleur, contre l'histoire imaginaire des amours d'une femme très-aimable avec celui qu'il appelle un sçavant, dans toute l'étendue du mot, un sçavant triste, pesant, sans graces & sans usage du monde. D'où il conclud que la haine que Jurieu portoit à Bayle ne vint pas d'une jalousie de mari, mais d'une jalousie d'auteur. Jurieu avoit réfuté l'*Histoire du calvinisme* par Maimbourg. Bayle en avoit fait autant. Mais les deux critiques furent reçues bien différemment. L'une étoit écrite dans un stile extravagant, & l'autre étoit pleine de raison, d'esprit & de sel. Celle de Bayle parut si dangereuse en France qu'elle y fut brûlée. Une pareille distinction irrita Jurieu, à qui l'on n'accorda que le plus grand mépris pour son livre. ,, Cet écrivain, jaloux de tout, disoit ,, Bayle, n'a pu me le pardonner ‹‹. Ces paroles paroissent décider la question ; mais elles ne sont fondées que sur le rapport d'un anonyme, qui assure qu'on avoit souvent mis Bayle sur le chapitre des démélés éclatans des deux plus célèbres refugiés François, qui s'étoient donnés auparavant des louanges réciproques dans leurs ouvrages.

Mais qu'importe la cause de leur querelle ? cause tant recherchée & qu'on ignore encore. Ne suffit-il pas de sçavoir à quel point Jurieu poussa les choses ? Il n'est point d'emportemens auxquels il ne se soit livré. Tous les consistoires, tous les synodes retentirent de ses clameurs. Il écrivit & parla comme le devoit faire un homme emporté par une imagination qui prenoit feu sur tout & ne se repaissoit que de chimères ; un homme qui ne voyoit en Europe que révolutions & que carnage ; qui brigua d'être à la tête des fanatiques de son parti ; qui se mêla de présages, de miracles, de prophéties ; qui prédit qu'en l'année 1689 le calvinisme seroit rétabli en France ; qui se déchaîna contre toutes les puissances de l'Europe, & qui porta la fureur jusqu'à faire frapper des médailles qui éternisent sa démence & sa haine contre Rome & contre sa patrie. Les noms d'*athée*, d'*impie*, de *faux frere*, d'*homme sans foi*, *sans mœurs*, *sans probité*, *sans principes*, étoient le refrein ordinaire de ses discours & de ses écrits. Il croyoit avoir été suscité de dieu pour faire le tourment d'un philosophe qui n'a pas moins honoré la Hollande que Descartes, en la choisissant pour le lieu de sa retraite.

De toutes ces accusations, dont la moindre feroit regarder Bayle comme un monstre, si l'on ignoroit dans quel égarement de raison tomba son adversaire, il n'en est qu'une qui mérite qu'on s'y arrête, celle d'impiété. Jurieu n'est pas le seul qui l'ait chargé d'une accusation aussi grave. Le cri public est contre Bayle. Cet auteur, un des meilleurs dialecticiens qui ait jamais existé, semble vouloir introduire le pyrrhonisme dans toutes les sciences. L'accusation de déisme est la moindre de celles qu'on intente contre lui. On a prétendu trouver, à chaque page de ses écrits, les preuves de son incrédulité.

Mais ces preuves ne sont pas évidentes. On ne sçait souvent à quoi s'en tenir. Bayle décide rarement. Il ne fait que présenter le pour & le contre d'un point de controverse. Il ne dit pas que telle religion est fausse; mais il ne dit pas non plus qu'elle foit vraie. Il établit & renverfe également plufieurs dogmes du chriftianifme. On trouve, dans un endroit, le contraire de ce qu'il avance dans un autre. Il ne termine rien, & fe réferve toujours quelque chofe à dire. Ses ouvrages font un mêlange de bon & de mauvais, qui en rend la lecture dangereufe à ceux qui n'ont pas l'efprit formé.

On a donné l'*Analyfe de Bayle*, & l'on y a fondu le commentaire avec le texte. Mais cette analyfe, qui a fait tant de bruit & que le gouvernement a profcrit, n'eft qu'un choix affecté de tous les morceaux les plus repréhenfibles. Quelqu'un, au contraire, qui ne prendroit dans Bayle que ce qu'il y a de judicieux, feroit fûr de réuffir & de donner un extrait utile. Il faudroit qu'une bonne plume s'occupât de cette idée & l'exécutât. On entreroit même alors dans les vues de Bayle. Cet écrivain original, qui en avoit de fi profondes & de fi juftes, difoit que, s'il n'avoit écrit pour les libraires, il n'eût pas compofé plus d'un *in-folio*. Tout l'efprit de ce grand homme peut être mis dans un feul volume. De toutes ses différentes productions, ses *Pensées diverses* & son *Dictionnaire* sont celles qui lui firent le plus d'honneur. Son *Dictionnaire* est le premier ouvrage de ce genre où l'on apprend à penser. Quel dommage que ce recueil contienne tant de petits faits, parle de tant de petits écrivains qu'un lecteur judicieux ni la postérité n'ont aucun intérêt de connoître. L'article de Spinosa est un des mieux travaillés. Bayle y parle admirablement de la divinité. Quelques propos qu'il a tenus, & qu'on n'a pas oubliés, sont ce qui rendit sa croyance problématique. Le cardinal de Polignac, étant en Hollande, eut un entretien avec lui sur la religion. Bayle lui dit: *Pour moi, je suis protestant*. Mais ce mot est bien vague, lui répondit le cardinal. Etes-vous luthérien? calviniste? Anglican? *Je suis protestant*, répliqua Bayle, *parce que je proteste contre toutes les religions*. On ajoute que, dans cette conversation, ne répondant le plus souvent à l'abbé de Polignac que par des vers de Lucrèce, cet abbé conçut dès-lors le dessein de donner une réfutation philosophique & suivie de l'ouvrage entier du poëte latin, ce qu'il a fait dans son *Anti-Lucrèce*. On tient une autre anecdote du P. de Tournemine. Il vit Bayle en Hollande, & lui parla de son pyrrhonisme. Celui-ci répondit : *Je suis le Jupiter d'Homère, qui rassemble les nuées* (*).

A l'égard des reproches qu'on lui a faits sur ses mœurs, on ne voit pas qu'ils soient fondés. Ses mœurs étoient pures. Si le stile de Bayle est souvent libre, indécent ; si cet écrivain s'arrête à des contes, à des historiettes scandaleuses, c'est qu'il ignoroit l'usage du monde & l'emploi de bien des mots dont il se sert. D'autres rapportent que Bayle s'excusoit lui-même sur cet article, en avouant que son goût l'y portoit comme malgré lui.

Les plaintes, les cris, les impostures, les manœuvres de Jurieu lui réussirent. Il parvint à gagner tous les tribunaux où il porta ses accusations. Le corps des pasteurs & des ministres calvinistes se rangea de son parti. L'orage élevé contre un sceptique dange-

---

(*) *Jupiter congregator nubium.*

reux grossissoit de jour en jour, & fondit à la fin sur lui. Le malheureux Bayle perdit sa place de professeur de philosophie & d'histoire à Rotterdam, seule ressource qu'il eût pour vivre. Il fut aux gages d'un libraire. La précipitation, avec laquelle il étoit obligé de travailler, fut cause, sans doute, de sa manière d'écrire souvent diffuse, lâche, incorrecte & surtout familière & basse. On l'accuse d'être faux dans ses citations; mais, dans un grand nombre qu'on a vérifiées, on ne l'a point surpris en faute : & d'ailleurs seroit-il étonnant que, dans un nombre si prodigieux de passages, sa mémoire se fût quelquefois égarée.

Depuis la privation de ses emplois, la fureur de ses ennemis ne fit que s'accroître. Il crut les confondre en désavouant l'*Avis aux réfugiés*, en donnant l'apologie de sa conduite, de ses mœurs, de sa religion, en publiant ses *Entretiens de Maxime & de Thémiste*; mais on le condamna sur cette apologie même. Il succomba sous le poids de la persécution & mourut à Rotterdam en 1706. Il étoit né au Carlas, dans le comté de Foix, en 1647.

D'abord calviniste, il fit abjuration dans un âge assez tendre. Quelque temps après, il revint au calvinisme. Ses variations l'obligèrent à quitter sa patrie. Lorsqu'il se convertit à l'église Romaine, il prit la tonsure & porta le petit collet à Toulouse, où il étudioit alors en philosophie chez les jésuites. Un de ces pères, qui l'avoit vu dans cette ville sur les bancs, disoit que Bayle se faisoit un amusement d'embarrasser ses maîtres, & qu'il avoit beaucoup de talent pour la dialectique. Bayle n'avoit presque aucune connoissance de la physique. Il ignoroit les découvertes du grand Newton. Un cartésianisme qui ne subsiste plus est la base de la plupart de ses articles philosophiques. Croiroit-on que ce grand génie ait eu des petitesses? Sa passion étoit de voir des baladins de place. A l'âge de plus de 50 ans, dès qu'il en arrivoit à Roterdam, il s'affubloit de son manteau, couroit à ce spectacle comme un enfant, & il étoit le dernier à se retirer. Son testament a été déclaré valide en France par un arrêt du parlement de Toulouse. Il est bien glorieux à ces magistrats de s'être ainsi élevés

élevés au-dessus des loix, & de n'avoir pas regardé comme étranger un François qui faisoit tant d'honneur à sa patrie. Il s'en faut bien que *Basnage*, *Le Clerc* & *Saurin* l'ayent autant illustrée. Au bas de son portrait par Catherine Duchesne, on lit ces vers de La Monnoie (*).

> Tel est ce critique admirable ;
> Il sera toujours indécis,
> Lequel l'emporte, en ses écrits,
> De l'utile ou de l'agréable.

Jurieu n'est mort à Roterdam qu'en 1713. Après Bayle, le grand Arnauld est celui contre lequel il a le plus exhalé d'horreurs. Le feu de l'imagination déréglée de Jurieu s'épuisa. Long-temps avant sa mort, il tomba dans l'enfance.

(*) *Baelius hic ille est cujus dum scripta vigebunt,*
Lis erit oblectent, erudiant ne magis.

Fin du premier volume.

TABLE DES AUTEURS

Contenus dans ce volume.

Homere & le grammairien Thestorides. page 1
Archiloque & Lycambe. 6
Sophocle & Euripide. 11
Aristophane & Socrate. 20
Platon & Aristote. 32
Démosthene & Eschine. 41
Virgile & Bavius, Mœvius, Bathille, &c. &c. 57
Horace & les mauvais écrivains du siècle d'Auguste. 63
L'empereur Neron & les trois plus grands poëtes de son siècle, Lucain, Perse & Juvenal. 68
Abailard & Saint-Bernard. 78
Jean de Meun & les femmes de la cour de Philippe-le-Bel. 94
Clément Marot & deux poëtes décriés, Sagon & la Hueterie. 105

TABLE.

Étienne DOLET & François FLO-
RIDUS. 113
RONSARD & SAINT-GELAIS. 119
Jean Baptiste GUARINI & JASON
DE NORES. 130
Joseph SCALIGER & SCIOPPIUS 138
MALHERBE avec différens auteurs. 148
Louise LABBÉ & Clémence DE
BOURGES. 157
RACAN & Marie DE JARS DE
GOURNAI. 164
MONTMAUR avec tout le Parnasse
Latin & François. 171
BALZAC & le P. GOULU, général
des feuillans. 183
VOITURE & BENSERADE. 197
GIRAC & COSTAR. 208
L'abbé d'AUBIGNAC avec MÉNA-
GE, Pierre CORNEILLE, Mlle
de SCUDERI & RICHELET. 216
CORNEILLE & le cardinal de RI-
CHELIEU. 237
MILTON & SAUMAISE. 253
BOSSUET & FENELON. 264
Le Père BOUHOURS & BARBIER
D'AUCOUR. 290
L'abbé BOILEAU & Jean-Baptiste
THIERS. 297
DESPRÉAUX avec le plus grand nom-

TABLE.

bre des écrivains de son temps.	306
CHAPELAIN.	308
BUSSI-RABUTIN.	312
BOURSAULT.	317
SAINT-PAVIN & LINIERE.	320
QUINAULT.	323
L'abbé COTIN.	326
Les journalistes de Trevoux.	330
RACINE & PRADON.	334
BAYLE & JURIEU.	349

Fin de la table.

FAUTES A CORRIGER
dans le premier Volume.

Page 77, lig. 11, du combattre, lis. de combattre.
Pag. 107, lig. 8, conrre, lis. contre.
Pag. 173, lig. 14, se joignirenent, lis. se joignirent.
Ibid. l.g. 15, terreur, li. terreur.
Pag. 207, Epit. de Voit. vers 6, la galanteries, lis. la galanterie.
Ibid. v. 7, descendus, lis. descendu, dernier v. ont disparus, lis. a disparu.
Pag. 210, lig. 9, cinq cent écus, lis. cinq cens écus.
Pag. 276, l. 4, quelque prélats, lis. quelques prélats.
Pag. 338, lig. 16, religieux, lis. religieuses.
Pag. 339, lig. 15, trois cent autres, lis. trois cens autres.
Pag. 349, lig. 10, ne & manque, lis. & ne manque.

Fautes à corriger dans le second Volume.

Pag. 55, l. 22, en Henri IV. lis. Henri IV.
Pag. 88, l. 20, qu'ont immortalisée & ses vertus, lis. qu'ont immortalisé ses vertus.
Pag. 155, lig. 25, dépradation, lis. dépravation.
Pag. 161, l. 19, si on les retient sont bien, lis. si on les retient bien, sont.
Pag. 162, lig. 9, en étant, lis. en état.
Ibid. lig. 23, affecterie, lis. afeterie.
Pag. 175, lig. 15, dépradation, lis. dépravation.
Pag. 174, l. 7. acquise, lis. acquis.
Pag. 176, l. 17, combien peu la rivalité, lis. combien la rivalité.
Pag. 79, note 2, l. 8, tel, lis. tels.
Pag. 180, l. 4, mériteroit, lis. méritoit.
Pag. 185, l. 22, seroient, lis. seroient ils.
Pag. 227, l. 22, toutes sociétés, lis. toutes les sociétés.
Pag. 252, l. 9, ses fictions, lis. ces fictions.
Pag. 257, dern. lig. mais celui, lis. mais sous celui
Pag. 258, l. 26, pareilles idées, lis. de pareilles idées.
Pag. 259, l. 2, toujours de folie, lis. toujours folie.
Pag. 291, l. 19, qu'à composées, lis. qu'à composé.

Pag. 322, *l.* 15, ces explications, *lif.* ces accufations.
pag. 328, *l.* 27, trois cent ans, *lif.* trois cens ans.
pag. 392, *l.* 23, qu'avoit faite, *lif.* qu'avoit fait.
pag. 408, *l.* 25, ut mieux convenu, *lif.* eut mieux convenu.
Ibid. *l.* 27, il eut trifte, *lif.* il eft trifte.
pag. 439, *l.* 4, devenoient, *lif.* deviennent.
Ibid. *l.* 5, prononcoient, *lif.* prononcent.

Fautes à corriger dans le troifième Volume.

Pag. 11, *lig.* 7, Coffart le foudroyant, Coffar, *lif.* Coffart, le foudroyant Coffart.
pag. 67, *l.* 12, fait mieux, *lif.* ne fait mieux.
pag. 80, *l.* 6, les y établir, *lif.* s'y établir.
pag. 91, *l.* 23, en Francois, *lif.* en France.
pag. 99, *l.* 13, quatre-vingt ans, *lif.* quatre-vingts ans.
pag. 165, *dern. lig.* l'univerfité s'y plaifoit, *lif.* auquel l'univerfité négligeoit de remédier.
pag. 183, *l.* 16, s'étoit faite, *lif.* s'étoit fait.
pag. 295, *l.* 16, fort aigrie, *lif.* déja fort aigrie.

Fautes à corriger dans le quatrième Volume.

Pag. 91, *l.* 8, fuffent intervenues, *lif.* ne fuffent intervenus.
pag. 96, *l.* 20, titrés, *lif.* titrées.
pag. 177, *v.* 4, pardonner, *lif.* compatir.
pag. 196, *l.* 18, l'emporre, *lif.* l'emporte.
pag. 213, *l.* 16, Monrpellier, *lif.* Montpellier.
pag. 260, *titre*, l'Académie François, *lif.* l'Académie Françoife.

APPROBATION.

J'AI lu, par ordre de Monseigneur le Chancelier, un ouvrage qui a pour titre, *Querelles littéraires, ou Mémoires pour servir à l'Histoire des révolutions de la république des lettres, depuis Homère jusqu'à nos jours*: & je n'y ai rien trouvé qui pût en empêcher l'impression. A Paris, ce 18 octobre 1761. DUPUIS.

PRIVILEGE DU ROI.

LOUIS, par la grace de Dieu, Roi de France & de Navarre: A nos amés & féaux Conseillers, les Gens tenans nos Cours de Parlement, Maîtres des Requêtes ordinaires de notre Hôtel, Grand-Conseil, Prévôt de Paris, Baillifs, Sénéchaux, leurs Lieutenans Civils & autres nos Justiciers qu'il appartiendra. SALUT: Notre amé LAURENT DURAND, Libraire à Paris, Nous a fait exposer qu'il desireroit faire imprimer & donner au Public un ouvrage qui a pour titre: *Mémoires pour servir à l'Histoire des gens de Lettres*, s'il Nous plaisoit lui accorder nos Lettres de Privilége pour ce nécessaires. A ces causes, voulant favorablement traiter l'Exposant, Nous lui avons permis & permettons par ces présentes de faire imprimer ledit Ouvrage, autant de fois que bon lui semblera, & de le vendre, faire vendre & débiter par tout notre Royaume, pendant le tems de six années consécutives, à compter du jour de la date des Présentes. Faisons défenses à tous Imprimeurs, Libraires & autres personnes, de quelque qualité & condition qu'elles soient, d'en introduire d'impression étrangere dans aucun lieu de notre obeïssance; comme aussi d'en imprimer ou faire imprimer, vendre, faire vendre, débiter ni contrefaire ledit Ouvrage, ni d'en faire aucun extrait, sous quelque prétexte que ce puisse être, sans la permission expresse & par écrit dudit Exposant ou de ceux qui auront droit de lui, à peine de confiscation des Exemplaires contrefaits, de trois mille livres d'amende contre chacun des contrevenans dont un tiers à Nous, un tiers à l'Hôtel-Dieu de Paris, & l'autre tiers audit Exposant où à celui qui aura droit de lui,

& de tous dépens, dommages & intérêts: A la charge que ces Présentes seront enregistrées tout au long sur le Registre de la Communauté des Imprimeurs & Libraires de Paris, dans trois mois de la date d'icelles; que l'impression dudit Ouvrage sera faite dans notre Royaume & non ailleurs, en bon papier & beaux caracteres, conformément à la feuille imprimée, attachée pour modele sous le contre-scel des Présentes; que l'Impétrant se conformera en tout aux Réglemens de la Librairie, & notamment à celui du dix Avril 1725; qu'avant de l'exposer en vente, le Manuscrit qui aura servi de copie à l'impression dudit Ouvrage, sera remis dans le même état où l'Approbation y aura été donnée, ès mains de notre très-cher & féal Chevalier Chancelier de France, le sieur de Lamoignon; & qu'il en sera ensuite remis deux Exemplaires dans notre Bibliothéque publique, un dans celle de notre Château du Louvre, & un dans celle de notre très-cher & féal Chevalier Chancelier de France, le sieur de Lamoignon; le tout à peine de nullité des Présentes. Du contenu desquelles vous mandons & enjoignons de faire jouir ledit Exposant, & ses ayans causes, pleinement & paisiblement, sans souffrir qu'il leur soit fait aucun trouble ou empêchement. Voulons qu'à la copie des Présentes, qui sera imprimée tout au long au commencement ou à la fin dudit Ouvrage, soit tenue pour duement signifiée; & qu'aux copies collationnées par l'un de nos amés & féaux Conseillers-Secrétaires, foi soit ajoutée comme à l'original. Commandons au premier notre Huissier ou Sergent sur ce requis, de faire pour l'exécution d'icelles tous actes requis & nécessaires, sans demander autre permission, & nonobstant Clameur de Haro, Charte Normande & Lettres à ce contraires. CAR tel est notre plaisir. Donné à Versailles le dix septiéme jour du mois de Février, l'an de Grace mil sept cent soixante-un, & de notre Regne le quarante sixieme. Par le Roi, en son Conseil.

Signé, LE BEGUE.

Regiſtré ſur le Regiſtre XV de la Chambre Royale & Syndicale des Libraires & Imprimeurs de Paris, Numéro 231, fol. 146, conformément au Réglement de 1723. A Paris, ce 2 Mars 1761.
G. SAUGRAIN, *Syndic.*